本书由
中央高校建设世界一流大学（学科）
和特色发展引导专项资金
资助

中南财经政法大学“双一流”建设文库

中｜国｜经｜济｜发｜展｜系｜列｜

供应链风险信息披露影响因素及经济后果研究

何 捷 著

中国财经出版传媒集团
经济科学出版社
Economic Science Press

图书在版编目（CIP）数据

供应链风险信息披露影响因素及经济后果研究/何捷著．
—北京：经济科学出版社，2019．12
（中南财经政法大学“双一流”建设文库）
ISBN 978－7－5218－1110－0

Ⅰ．①供…　Ⅱ．①何…　Ⅲ．①上市公司－供应链管理－信息管理－影响因素－研究－中国　Ⅳ．①F279．246

中国版本图书馆 CIP 数据核字（2019）第 286944 号

责任编辑：孙丽丽　纪小小
责任校对：隗立娜
版式设计：陈宇琰
责任印制：李　鹏

供应链风险信息披露影响因素及经济后果研究
何　捷　著
经济科学出版社出版、发行　新华书店经销
社址：北京市海淀区阜成路甲 28 号　邮编：100142
总编部电话：010－88191217　发行部电话：010－88191522
网址：www．esp．com．cn
电子邮箱：esp@ esp．com．cn
天猫网店：经济科学出版社旗舰店
网址：http：//jjkxcbs．tmall．com
北京季蜂印刷有限公司印装
787×1092　16 开　12．5 印张　210000 字
2019 年 12 月第 1 版　2019 年 12 月第 1 次印刷
ISBN 978－7－5218－1110－0　定价：49．00 元
（图书出现印装问题，本社负责调换。电话：010－88191510）

总 序

“中南财经政法大学‘双一流’建设文库”是中南财经政法大学组织出版的系列学术丛书，是学校“双一流”建设的特色项目和重要学术成果的展现。

中南财经政法大学源起于1948年以邓小平为第一书记的中共中央中原局在挺进中原、解放全中国的革命烽烟中创建的中原大学。1953年，以中原大学财经学院、政法学院为基础，荟萃中南地区多所高等院校的财经、政法系科与学术精英，成立中南财经学院和中南政法学院。之后学校历经湖北大学、湖北财经专科学校、湖北财经学院、复建中南政法学院、中南财经大学的发展时期。2000年5月26日，同根同源的中南财经大学与中南政法学院合并组建“中南财经政法大学”，成为一所财经、政法“强强联合”的人文社科类高校。2005年，学校入选国家“211工程”重点建设高校；2011年，学校入选国家“985工程优势学科创新平台”项目重点建设高校；2017年，学校入选世界一流大学和一流学科（简称“双一流”）建设高校。70年来，中南财经政法大学与新中国同呼吸、共命运，奋勇投身于中华民族从自强独立走向民主富强的复兴征程，参与缔造了新中国高等财经、政法教育从创立到繁荣的学科历史。

“板凳要坐十年冷，文章不写一句空”，作为一所传承红色基因的人文社科大学，中南财经政法大学将范文澜和潘梓年等前贤们坚守的马克思主义革命学风和严谨务实的学术品格内化为学术文化基因。学校继承优良学术传统，深入推进师德师风建设，改革完善人才引育机制，营造风清气正的学术氛围，为人才辈出提供良好的学术环境。入选“双一流”建设高校，是党和国家对学校70年办学历史、办学成就和办学特色的充分认可。“中南大”人不忘初心，牢记使命，以立德树人为根本，以“中国特色、世界一流”为核心，坚持内涵发展，“双一流”建设取得显著进步：学科体系不断健全，人才体系初步成型，师资队伍不断壮大，研究水平和创新能力不断提高，现代大学治理体系不断完善，国际交流合作优化升级，综合实力和核心竞争力显著提升，为在2048年建校百年时，实现主干学科跻身世界一流学科行列的发展愿景打下了坚实根基。

“当代中国正经历着我国历史上最为广泛而深刻的社会变革，也正在进行着人类历史上最为宏大而独特的实践创新”，“这是一个需要理论而且一定能够产生理论的时代，这是一个需要思想而且一定能够产生思想的时代”①。坚持和发展中国特色社会主义，统筹推进“五位一体”总体布局和协调推进“四个全面”战略布局，实现“两个一百年”奋斗目标、实现中华民族伟大复兴的中国梦，需要构建中国特色哲学社会科学体系。市场经济就是法治经济，法学和经济学是哲学社会科学的重要支撑学科，是新时代构建中国特色哲学社会科学体系的着力点、着重点。法学与经济学交叉融合成为哲学社会科学创新发展的重要动力，也为塑造中国学术自主性提供了重大机遇。学校坚持财经政法融通的办学定位和学科学术发展战略，“双一流”建设以来，以“法与经济学科群”为引领，以构建中国特色法学和经济学学科、学术、话语体系为己任，立足新时代中国特色社会主义伟大实践，发掘中国传统经济思想、法律文化智慧，提炼中国经济发展与法治实践经验，推动马克思主义法学和经济学中国化、现代化、国际化，产出了一批高质量的研究成果，“中南财经政法大学‘双一流’建设文库”即为其中部分学术成果的展现。

文库首批遴选、出版二百余册专著，以区域发展、长江经济带、“一带一路”、创新治理、中国经济发展、贸易冲突、全球治理、数字经济、文化传承、生态文明等十个主题系列呈现，通过问题导向、概念共享，探寻中华文明生生不息的内在复杂性与合理性，阐释新时代中国经济、法治成就与自信，展望人类命运共同体构建过程中所呈现的新生态体系，为解决全球经济、法治问题提供创新性思路和方案，进一步促进财经政法融合发展、范式更新。本文库的著者有德高望重的学科开拓者、奠基人，有风华正茂的学术带头人和领军人物，亦有崭露头角的青年一代，老中青学者秉持家国情怀，述学立论、建言献策，彰显“中南大”经世济民的学术底蕴和薪火相传的人才体系。放眼未来、走向世界，我们以习近平新时代中国特色社会主义思想为指导，砥砺前行，凝心聚

① 习近平：《在哲学社会科学工作座谈会上的讲话》，2016年5月17日。

力推进“双一流”加快建设、特色建设、高质量建设，开创“中南学派”，以中国理论、中国实践引领法学和经济学研究的国际前沿，为世界经济发展、法治建设做出卓越贡献。为此，我们将积极回应社会发展出现的新问题、新趋势，不断推出新的主题系列，以增强文库的开放性和丰富性。

“中南财经政法大学‘双一流’建设文库”的出版工作是一个系统工程，它的推进得到相关学院和出版单位的鼎力支持，学者们精益求精、数易其稿，付出极大辛劳。在此，我们向所有作者以及参与编纂工作的同志们致以诚挚的谢意！

因时间所囿，不妥之处还恳请广大读者和同行包涵、指正！

中南财经政法大学校长

目　录

第一章　导论

第一节　研究背景　2
第二节　研究方法　4
第三节　研究内容　4
第四节　研究贡献　8

第二章　制度背景

第一节　供应链信息披露法规　12
第二节　风险信息披露法规　15

第三章　文献回顾

第一节　供应链文献回顾　28
第二节　风险信息披露文献回顾　56
第三节　分析师跟随文献回顾　65

第四章　供应链风险信息披露影响因素

第一节　引言　72
第二节　理论和假设　74
第三节　研究设计　78
第四节　实证结果　82
第五节　研究结论　106

第五章　供应链风险信息披露与企业未来业绩
第一节　引言　108
第二节　研究假设　109
第三节　研究设计　111
第四节　实证结果　115
第五节　研究结论　134

第六章　供应链风险信息披露与分析师跟随
第一节　引言　138
第二节　研究假设　139
第三节　研究设计　141
第四节　实证结果　144
第五节　研究结论　168

第七章　结论

参考文献　173
后记　190

第一章 导论

第一节 研究背景

近年来，由于买方市场的形成、产品生命周期不断缩短、市场竞争日益激烈、信息技术的快速发展等因素，供应链呈现越来越重要的趋势，企业之间的竞争越来越倚重企业与供应商及客户间的关系。企业与供应商/客户间的关系越稳定、可靠，其生产经营和业绩也将越稳定；企业的供应商或客户出现问题，企业自身也将受到不利影响。为此，我国监管机构从企业首次公开募股（IPO）至企业上市成功后，对企业的供应商和客户风险都极为重视。

首先，《首次公开发行股票并上市管理办法》规定："发行人不得有下列影响持续盈利能力的情形：……发行人最近 1 个会计年度的营业收入或净利润对关联方或者存在重大不确定性的客户存在重大依赖。"因此在 IPO 过程中，不少企业因为对供应商或客户重度依赖、客户或供应商重叠等问题被否。比如，2018 年 1 月 9 日，广州信联智通实业股份有限公司 IPO 被否，股票发行审核委员会（以下简称"发审委"）给出的反馈之一为"第一大客户、第一大供应商高度集中且为同一家"。

企业 IPO 顺利过会后，监管层也对企业供应链信息披露做出了诸多规定。企业在公开招股时，《公开发行证券的公司信息披露内容与格式准则第 1 号——招股说明书》（2015 年修订）第四十四条规定披露："向前 5 名供应商合计的采购额占年度采购总额的百分比；对前 5 名客户合计的销售额占年度销售总额的百分比；如向单个供应商的采购比例或对单个客户的销售比例超过总额的 50%，则应披露其名称及采购或销售的比例。同一实际控制人控制的供应商，应合并计算采购额。同时，发行人应披露董事、监事、高级管理人员和核心技术人员，主要关联方或持有发行人 5% 以上股份的股东在上述供应商或客户中所占的权益。"

上市公司在后续经营过程中，《公开发行证券的公司信息披露内容与格式准则第 2 号——年度报告的内容与格式》（2001 年修订）开始要求上市公司年报及年报摘要中披露前五大供应商采购总占比及客户销售总占比，2012 年修订稿中增加了“鼓励披露前五大供应商/客户各自占比和名称”一项。此外，《公开发行证券的公司信息披露内容与格式准则第 26 号——上市公司重大资产重组申请文件》（2009 年修订）开始要求“上市公司重组报告中披露前五大供应商/客户合计占比，单个供应商/客户占比超过 50% 或严重依赖少数供应商/客户的，应该披露其名称及销售比例”。

从这些法规条款可以看出，监管层对于企业的供应商和客户依赖风险极为重视，对企业当期的供应商及客户信息披露做出了较多规定，美国对于其上市公司也有类似规定。已有国内外文献根据企业招股说明书或年报中披露的重要供应商采购占比或客户销售占比数据，探讨了供应商或客户重要性（或依赖度）对于企业经营业绩、企业行为或其他利益相关者行为的影响。但重要供应商采购占比或客户销售占比信息均为历史性量化信息。本书拟根据企业年报“管理层讨论与分析”中“未来展望”部分对于供应链风险的定性披露探讨其影响因素和经济后果。

2007 年《公开发行证券的公司信息披露内容与格式准则第 2 号——年度报告的内容与格式》开始要求企业在年报“管理层讨论与分析”部分中披露企业未来发展中可能存在的风险（包括宏观政策风险、市场或业务经营风险、财务风险、技术风险等）。2012 年修改稿中增加“原材料价格及供应风险、单一客户依赖风险”。可见，监管层对于企业未来的供应链类风险也日趋重视。并且，与供应商采购占比或客户销售占比披露不同，“管理层讨论与分析”中的供应链风险信息披露属于未来的定性信息披露，更多反映了管理层对未来供应链风险的感知程度，以及管理层对该部分信息是否进行披露的态度。

综上所述，供应链已成为企业生产经营过程中越来越重要的环节之一，企业与供应商或客户的关系、企业供应商或客户的风险都关系着企业未来经营业绩，投资者需要这些信息做出决策，监管层也对该部分信息披露做出了日益严格的规定。已有文献主要从企业供应商采购占比或客户销售占比这一历史性量化信息进行研究，本书则利用“管理层讨论与分析”中“未来展望”部分的供应链风险信息披露数据，探讨企业对于供应链方面未来的、定性信息披露的影响因素及经济后果，有利于我们进一步理解管理层对于供应链方面未来定性信息的披露策略，以及该部分信息披露对企业、投资者及其他利益相关者行为的影响。

第二节 研究方法

本书主要通过实证研究方法探讨了企业供应链风险信息披露的影响因素及经济后果。本书财务指标等数据来自国泰安（CSMAR）数据库，企业供应链风险信息披露数据通过文本分析获取。具体而言，本书通过 Python 软件提取中国 A 股主板上市公司2007～2016 年年报“管理层讨论与分析”中“未来展望”部分文本，统计供应链类关键词占比以衡量供应链风险信息披露的多少。此外，本书也利用了其他类别风险信息披露占比指标，包括宏观风险信息披露占比、行业风险信息披露占比、经营风险信息占比以及财务风险信息披露占比。

对于上述披露指标的计算，首先针对每一类风险主题设计相应的关键词，然后通过 Python 软件提取“管理层讨论与分析”中“未来展望”部分各风险主题关键词，计算其字数，然后以该风险主题关键词的字数占“未来展望”部分总字数衡量企业对于该类别风险信息披露的多少。

各风险主题词汇设计步骤如下：（1）根据克拉维和穆斯洛（Kravet and Muslu，2013）、坎贝尔等（Campbell et al.，2014）、穆斯洛等（2014）主题词汇及主题分类，翻译成对应的中文相应词汇及主题；（2）随机选取 100 份“重大风险提示”文本和 100 份“未来展望”文本，阅读并提取其中主要的类别词汇，并划分到相应主题类别；（3）添加常用财务类词汇（如三大财务报表中词汇）和法律类词汇；（4）最终得到 589 个主题类词汇。

第三节 研究内容

本书主要探讨企业供应链风险信息披露的影响因素及经济后果。具体而言，本书主要探讨以下三个方面：

第一，企业披露供应链风险信息的影响因素。尽管我国法律规定企业需要在年报中披露可能存在的风险，包括供应链风险，但企业管理层对于该信息是否披露，以及披露多少具有一定的自由裁量权，企业会在披露的成本与收益间权衡。从收益方面来看，企业披露供应链风险信息能够降低未来的法律成本，以及与投资者间的信息不对称；并且由于披露的是风险信息，可能起到抑制外来者进入的作用。但供应链风险信息的披露也会带来一定的成本。比如，由于该信息涉及供应链，可能为竞争者提供信息而不利于企业自身的生产经营；同时，由于该部分信息属于风险类信息，市场可能将其解读为“坏消息”，对企业的市场业绩产生不良影响。因此，本书首先从企业特征和外部环境特征两个维度分析了其对供应链风险信息披露成本与收益的影响，进而检验了其与供应链风险信息披露的关系。第四章研究表明在企业特征方面，供应链风险信息披露与企业历史系统性风险、企业资产回报率（ROA）、研发支出、竞争程度、管理层持股、再融资（SEO）动机显著正相关，与企业损失、国有产权性质显著负相关；在外部环境方面，企业供应链风险信息披露与企业所在省份国内生产总值（GDP）显著正相关，并且东部地区企业的供应链风险信息披露更多。此外，在时间趋势方面，2007～2016年企业的供应链风险信息披露呈上涨趋势。这些结果说明企业特征和外部环境均会影响企业的供应链风险信息披露行为，并且该部分信息披露随时间呈上涨趋势。

第二，供应链风险信息披露对企业未来业绩的影响。“未来展望”部分的供应链风险信息披露涉及的是企业未来风险信息，因此很重要的一个问题在于该部分信息是否具有信息含量，是否能够预测未来风险。为了探讨这一问题，本书在第五章中通过实证方法检验了供应链风险信息披露对企业未来业绩的影响。一方面，供应链风险由于具有“风险”属性且可能为竞争者提供供应链信息，企业披露的供应链风险越多，可能意味着未来ROA（或现金流）越差，ROA（或现金流）波动性越高；但另一方面，由于管理层对该部分信息的披露具有一定的选择性，并且管理层需要在“未来展望”部分披露应对措施，企业披露的供应链风险越多，可能意味着管理层对该风险的认知程度和掌控程度越高，企业未来ROA（或现金流）可能越好，ROA（或现金流）波动性可能越低。第五章实证结果表明，企业的供应链风险信息披露与企业未来ROA及现金流无显著相关关系，但与企业未来的 ROA 及现金流波动性显著负相关。进一步研究表明，企业披露的供应链风险信息越多，其在下一期对供应商或客户的依赖度越低、持有的现金越多、支付的现金股利越少，说明披露供应链风险信息越多的企业更可能采取行动降低供应链风险。这些结果表明企业的供应链风险信息披露具有信息含量，但研究发现投资者并未对该信息做出市场反应，这说明短期内投资者并未识别和利用该信息。

第三，本书探讨了供应链风险信息披露对分析师跟随行为的影响。第五章研究表明供应链风险信息披露具有信息含量，但是投资者未能识别和利用该信息，那么其他利益相关者，尤其是分析师作为资本市场上重要的信息中介，其专业能力更强，是否能识别和利用该信息呢？本书在第六章中从分析师跟随角度探讨了这一问题。首先，供应链风险信息由于具有信息增量，可能会吸引分析师跟随，但是也可能增加分析师获取其他补充信息的需求，提高分析师的信息获取成本，导致分析师跟随减少。其次，从供应链风险信息的“风险”属性看，“风险”意味着不确定性，可能增加分析师预测成本，减少分析师预测的准确度和预测收益，导致分析师跟随减少；但不确定性也会增加投资者预测的成本，可能导致分析师需求增加。最后，一方面由于供应链风险信息披露为定性信息披露，分析师的分析成本增加，可能导致分析师供给减少；但另一方面也会引起投资者分析成本增加，导致分析师需求增加。因此企业的供应链风险信息披露对于分析师跟随行为的影响是不确定的。实证结果发现，企业披露的供应链风险信息越多，分析师跟随数量越多；进一步研究表明，国有产权性质、企业规模以及企业在行业中的优势地位会弱化供应链风险信息披露与分析师跟随数量间的正相关关系，说明企业较强的抗风险能力会弱化该部分信息披露对分析师的吸引力。最后，本书研究发现企业的供应链风险信息披露提高了分析师预测的准确性，说明分析师从供应链风险信息披露中获取了有用信息，从侧面反映了该部分披露的信息有用性。

本书的研究框架如图 1 – 1 所示。

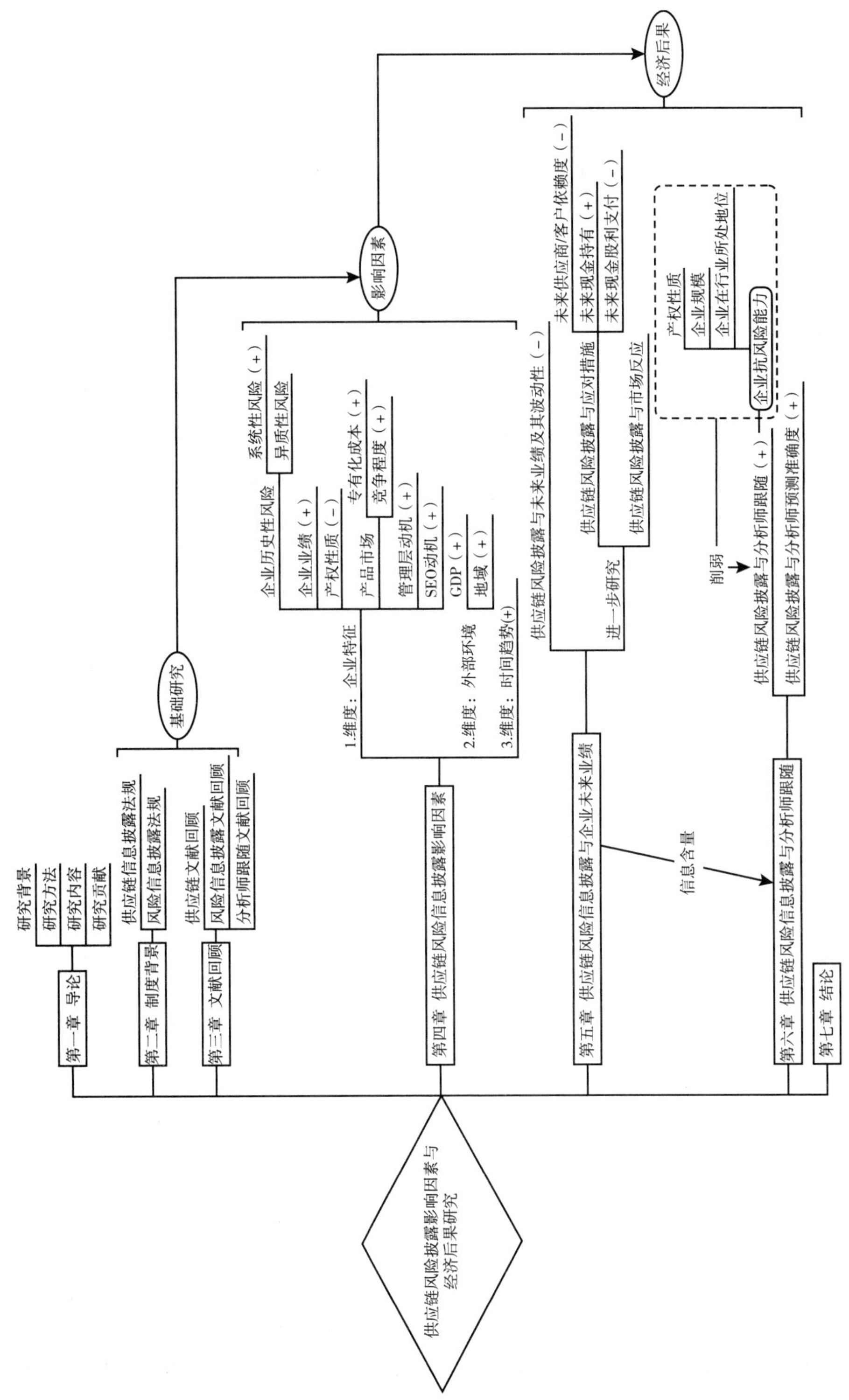

供应链风险披露影响因素与经济后果研究
第一章 导论
研究背景
研究方法
研究内容
研究贡献
第二章 制度背景
供应链信息披露法规
风险信息披露法规
第三章 文献回顾
供应链文献回顾
风险信息披露文献回顾
分析师跟随文献回顾
基础研究
第四章 供应链风险信息披露影响因素
1.维度：企业特征
企业历史性风险
系统性风险（+）
异质性风险
企业业绩（+）
产权性质（－）
产品市场
专有化成本（+）
竞争程度（+）
管理层动机（+）
SEO动机（+）
2.维度：外部环境
GDP（+）
地域（+）
3.维度：时间趋势(+)
影响因素
第五章 供应链风险信息披露与企业未来业绩
供应链风险披露与未来业绩及其波动性（－）
未来供应商/客户依赖度（－）
进一步研究
供应链风险披露与应对措施
未来现金持有（+）
未来现金股利支付（－）
供应链风险披露与市场反应
信息含量
第六章 供应链风险信息披露与分析师跟随
供应链风险披露与分析师跟随（+）
供应链风险披露与分析师预测准确度（+）
削弱
企业抗风险能力
产权性质
企业规模
企业在行业所处地位
经济后果
第七章 结论

图 1-1 本书逻辑框架

第四节 研究贡献

第一，本书采用文本分析方法获取企业的供应链风险信息披露数据，研究方法上具有创新性。一方面，目前国内外会计领域关于供应链的研究主要基于年报中披露的当期供应商采购或客户销售占比数据，以此衡量供应商或客户的重要性并探讨其经济后果。但是当期供应商采购或客户销售占比为定量信息，且为历史信息，虽然客观且具有可比性，但是也存在一定的不足，比如采购占比或销售占比本身可能并不能很好地衡量企业与供应商或客户间的谈判能力，并且也不一定反映出双方未来的谈判能力，并且该比例并不能反映客户需求变更等其他供应链风险信息。相比于定量信息，供应链风险信息披露作为定性信息更能反映管理层的主观意识，也能提供更广泛的信息，而不仅限于采购或销售占比，并且披露更多侧重于管理层对未来风险的感知度，因此本书从定性角度出发可以弥补已有供应链定量研究的不足。另一方面，国内关于“管理层讨论与分析”部分的文本内容研究大多以人工打分方式进行，本书通过预先设定文本字典，利用 Python 软件进行分析，更为客观，样本量更大，具有一定的优势。

第二，已有风险披露文献主要从企业的总体风险披露考虑，并未考察特定类别的风险披露，本书则从供应链风险信息披露这一特定类别出发，结合供应链风险的异质性特征，有针对性地探讨了供应链风险的影响因素及经济后果，研究角度具有一定的创新性。

第三，从具体研究内容来看，本书研究对于供应链类文献和风险披露文献均有一定的补充作用：（1）已有供应链披露文献主要探讨了专有化成本对客户身份信息披露的影响因素（Ellis et al.，2012；王雄元和喻长秋，2014），风险披露文献则主要探讨了企业风险、法律风险、公司治理以及行业因素对其披露的影响（Beatty et al.，2015；Brown et al.，2015；Campbell et al.，2014；Dyer et al.，2017；Heinle and Smith，2017；Nelson and Rupar，2015）。本书从企业特征、外部环境以及时间趋势三个维度分析了其对供应链风险信息披露成本与收益的影响，并通过实证证据检验其与企业供应链风险信息披露的关系。实证结果表明，企业风险、法律风险、企业业绩、产权性质、专有化成本、竞争程度、管理层动机、融资动机均对企业的供应链风险信息披露产生影响。并且，本章研究表明企业的供应链风险信息披露随时间具有增长趋势。本章的横截面因素和时间趋势因素探讨对已有供应链披露和风险披露影响因素研究均具有补充作用。(2) 已有供应链信息披露研究以及风险披露研究主要探讨了供应链信息或风险信息披露对于投资者的影响，本书第五章首先探讨了供应链风险信息对于企业未来业绩（现金流）及其波动性的影响，在进一步研究中探讨了企业后期是否针对供应链风险采取应对措施，研究结果表明供应链风险信息披露具有信息含量且企业做出应对措施，但投资者并未对该信息做出反应。本书研究内容立足供应链和风险双重特征，并探讨了投资者反应以外的经济后果，对于已有供应链研究和风险披露研究均具有补充作用。(3) 已有供应链文献主要从供应链重要性探讨了其对分析师预测结果的影响，本书第六章探讨了供应链风险信息披露对分析师跟随行为的影响，研究发现，供应链风险信息披露吸引了更多分析师跟随，对于已有供应链文献具有补充作用。另外，已有风险披露文献主要从企业整体的风险披露角度探讨了其对资本成本、现金流及投资者反应的影响。本书研究从供应链风险这一异质性风险类别出发探讨了其对分析师行为的影响，而非对企业自身或投资者的影响，对已有风险披露文献也具有一定的补充作用。

第二章
制度背景

我国证券监督管理委员会（以下简称“证监会”）对于上市公司供应链和风险相关信息的披露主要包括两个方面：（1）要求企业对重要供应商采购及重要客户当期的销售占比进行披露，这部分主要为历史信息和定量信息披露；（2）在不同部分要求企业对于相关风险进行披露，其中，2012 年明确指出在“管理层讨论与分析”中披露可能存在的供应风险或客户依赖风险。下面主要从这两个方面对我国供应链及风险披露的制度背景进行介绍。

第一节　供应链信息披露法规

我国监管机构从企业 IPO 至企业上市成功后，对企业的供应链信息披露都极为重视。企业在公开招股时，《公开发行证券的公司信息披露内容与格式准则第 1 号——招股说明书》（2015 年修订）第四十四条规定，招股说明书需披露“向前 5 名供应商合计的采购额占年度采购总额的百分比；对前 5 名客户合计的销售额占年度销售总额的百分比；如向单个供应商的采购比例或对单个客户的销售比例超过总额的 50%，则应披露其名称及采购或销售的比例。同一实际控制人控制的供应商，应合并计算采购额。同时，发行人应披露董事、监事、高级管理人员和核心技术人员，主要关联方或持有发行人 5% 以上股份的股东在上述供应商或客户中所占的权益”。

上市公司在后续经营过程中也需要对供应链信息进行披露。对于主板上市公司，《公开发行证券的公司信息披露内容与格式准则第 2 号——年度报告的内容与格式》（2001 年修订）开始要求主板上市公司年报及年报摘要中披露前五大供应商采购总占比及客户销售总占比，2012 年修订稿中增加了“鼓励披露前五大供应商/客户各自占比和名称”一项。图 2－1 和图 2－2 分别列示了国农科技 2007 年和 2012 年年报中对于供应商和客户历史信息的披露。对比发现，2007 年国农科技仅披露前五大供应商采购总额和总占比，以及前五大客户销售总额和总占比；2012 年则增加披露了前五大供应商名称及各自的采购占比，以及前五大客户名称及各自的采购占比。创业板上市公司年报披露更为严格，2009 年

（3）主要供应商、客户情况

公司向前五名供应商合计的采购金额 7 672 092. 04 元，占年度采购总额的比例为 32. 79%。

公司向前五名客户销售额合计 5 312 038. 00 元，占公司全年销售总额的比例为 13. 13%。

图 2 – 1　示例——国农科技 2007 年供应链信息披露

资料来源：《国农科技年报》（2007）。

公司主要销售客户情况

前五名客户合计销售金额（元）	28 553 718. 80
前五名客户合计销售金额占年度销售总额比例（%）	29. 33%

公司前五大客户资料

√适用　□不适用

序号	客户名称	销售额（元）	占年度销售总额比例（%）
1	济南中瑞诺达医药有限公司	13 506 683. 76	13. 87
2	湖北思顿药业有限公司	5 734 303. 42	5. 89
3	河南邦仁医药有限公司	3 550 401. 71	3. 65
4	烟台东方医药有限公司	3 122 457. 26	3. 21
5	青岛天合医药集团股份有限公司市北分公司	2 639 872. 65	2. 71
合计	—	28 553 718. 80	29. 33

公司主要供应商情况

前五名供应商合计采购金额（元）	27 273 836. 57
前五名供应商合计采购金额占年度采购总额比例（%）	66. 03%

公司前五名供应商资料

√适用　□不适用

序号	供应商名称	采购额（元）	占年度采购总额比例（%）
1	广东电白建设集团有限公司	21 064 847. 07	51
2	河南天方药业股份有限公司	1 970 000. 00	4. 77
3	江苏华兰药用新材料股份有限公司	1 778 128. 90	4. 3
4	海门龙盛土石方工程队	1 540 352. 80	3. 73
5	沧州四星玻璃制管有限公司	920 507. 80	2. 23
合计	—	27 273 836. 57	66. 03

图 2 – 2　示例——国农科技 2012 年供应链信息披露

资料来源：《国农科技年报》（2012）。

开始要求披露前五大供应商/客户销售总占比，并且披露单一供应商或客户采购、销售比例超过30%的，还应说明该供应商或客户的名称，采购或销售金额及所占比例，报告期内公司与其之间的采购、销售相比以前年度是否发生较大变化。此外，证监会对于重大资产重组说明书也规定了供应链历史信息披露，并且要求较为严格，具体规定见表2-1。

表2-1　　供应链信息披露法规汇总

法规名称	相关规定
《公开发行证券的公司信息披露内容与格式准则第1号——招股说明书》	2001年开始要求上市公司在招股说明书中披露发行人应披露主要客户及供应商的资料，主要包括：向前五名供应商合计的采购额占年度采购总额的百分比；对前五名客户合计的销售额占年度销售总额的百分比；如向单个供应商的采购比例或对单个客户的销售比例超过总额的50%，则应披露其名称及采购或销售的比例。同时，发行人应披露董事、监事、高级管理人员和核心技术人员，主要关联方或持有发行人5%以上股份的股东在上述供应商或客户中所占的权益。若无，亦应说明
《公开发行证券的公司信息披露内容与格式准则第2号——年度报告的内容与格式》	2001年开始要求上市公司年报及年报摘要中披露前五大供应商及客户销售总占比；2012年增加了“鼓励披露前五大供应商/客户各自占比和名称”一项
《公开发行证券的公司信息披露内容与格式准则第26号——上市公司重大资产重组申请文件》	2009年开始要求上市公司重组报告中披露前五大供应商/客户合计占比，单个供应商/客户占比超过50%或严重依赖少数供应商/客户的，应该披露其名称及销售比例
《公开发行证券的公司信息披露内容与格式准则第28号——创业板公司招股说明书》	2009年开始要求创业板上市公司年报披露前五大供应商/客户合计占比，单个供应商/客户占比超过50%或严重依赖少数供应商/客户的，应该披露其名称及销售比例；发行人应披露董事、监事、高级管理人员和其他核心人员，主要关联方或持有发行人5%以上股份的股东在上述供应商或客户中所占的权益。若无，亦应说明

续表

法规名称	相关规定
《公开发行证券的公司信息披露内容与格式准则第30号——创业板上市公司年度报告的内容与格式》	2009年开始要求创业板上市公司年报中应当披露主要供应商、客户情况：介绍公司向前五名供应商合计的采购金额占年度采购总额的比例及应付账款的余额和其占公司应付账款总余额的比重，前五名客户销售额合计占公司销售总额的比例及应收账款的余额和其占公司应收账款总余额的比重。单一供应商或客户采购、销售比例超过30%的，还应说明该供应商或客户的名称，采购或销售金额及所占比例，报告期内公司与其之间的采购、销售相比以前年度是否发生较大变化
《准则第35号——创业板上市公司公开发行证券募集说明书》	2014年开始要求创业板上市公司在公开发行证券募集说明书中披露：披露前五大供应商/客户合计占比，单个供应商/客户占比超过50%或严重依赖少数供应商/客户的，应该披露其名称及销售比例。发行人应披露董事、监事、高级管理人员和核心技术人员，主要关联方或持有发行人5%以上股份的股东在上述供应商或客户中所占的权益。若无，亦应说明

资料来源：笔者根据相关文件整理而得。

第二节 风险信息披露法规

中国证券监督管理委员会对于上市公司年报中风险信息披露做出了明确规定，并且对于主板和创业板上市公司的规定有所不同。

就我国主板上市公司而言，2007年《公开发行证券的公司信息披露内容与格式准则第2号——年度报告的内容与格式》（以下简称《2号准则文件》）开始要求企业在年报“管理层讨论与分析”部分中披露企业控制下的特殊目的主体的风险以及未来发展中可能存在的风险（包括宏观政策风险、市场或业务经营风险、财务风险、技术风险等）。2012年修订的文件中，“管理层讨论与分析”部分增加要求披露委托理财及衍生品风险，同时对于未来展望部分的风险，规定中列出“包括政策性风险、行业风险、业务模式风险、经营风险、环保风险、汇率风险、利率风险、技术风险、产品价格风险、原材料价格及供应风险、财务风险、单一客户依赖风险、核心技术人员变动风险等”，这其中“原材料价格及供应风险、单一客户依赖风险”作为供应链类风险被首次提出。

实践中，企业在“未来展望”部分中除了披露“单一客户依赖风险”，也会披露客户方面的其他风险，比如无法适应客户需求方面的风险等。下面摘录了金财互联2016年年度报告“管理层讨论与分析”中“未来展望”部分的内容，该部分一开始便指出企业提供的“服务方式原始”“服务年度低”“服务无法满足需求”等，侧面反映了企业存在的客户需求风险。可以看出，相对于供应商采购占比或客户销售占比方面的披露，“未来展望”部分对于供应商或客户未来风险方面的披露范围更广，并不限于依赖度风险的披露，可能提供供应链风险方面不同维度的信息。

“展望（一）行业格局和趋势。1. 互联网财税业务在‘大众创业，万众创新’的推动号召下，创业热潮经久不衰，创业发展愈演愈热，再加上政府持续推动的商事制度改革，大大降低创业的门槛，大量新增企业如雨后春笋般成立，截至2016年末，全国工商登记中小企业（含个体工商户）超过8 700多万家，全年新登记企业增长24.5%，平均每天新增1.5万户，加上个体工商户等，各类市场主体每天新增4.5万户。新动能正在撑起发展新天地，随之而来的是一个万亿的企业服务市场。随着移动互联网、云计算和大数据等互联网技术的深入应用，从2015年开始，企业级互联网（TOB）迎来了井喷式发展，通过互联网购买企业服务已经开始被广大中小企业所接受。然而目前的企业服务市场依然用传统的方式提供服务，已经无法适应企业主体的个性化需求，如今国内企业服务市场却存在着许多问题，行业状况亟须改善：(1) 市场集中度低。目前市场上还未形成巨头，整个市场高度分散，但市场容量大，用户需求得不到满足。(2) 服务方式原始。获客方式基本上以地推为主，生产力工具还比较原始和单一。(3) 服务黏度低。目前服务商提供的服务内容比较单一，很少面向企业提供综合性服务，服务的黏度低。(4) 服务无法满足需求。由于受规模、人才和技术手段的限制，企业服务商目前提供的服务绝大部分以低附加值和低毛利的跑腿性业务为主，显然无法满足现代智慧企业对基于数据的智能企业服务需求的要求……”

——《金财互联2016年年度报告》

图2-3中列示了“董事会讨论与分析”部分“未来展望”中供应商和客户风险披露的趋势。本书统计了该部分供应商和客户关键词占比，发现SUPCHAIN（供应商和客户关键词字数占“未来展望”部分总字数比例合计）随时间呈增长趋势，并且主要是源于CUSTOMER（客户关键词字数占“未来展望”部分总字数比例）的增长。SUPPLIER（供应商关键词字数占“未来展望”部分总字数比例）有所增加，但趋势较为平缓。这一趋势说明企业对于供应链类风险披露的比例有所增加，一方面可能是经济发展导致企业面临的供应链风险增加，另一方面也可能意味着企业对于供应链风险的感知度和重视程度在提高。

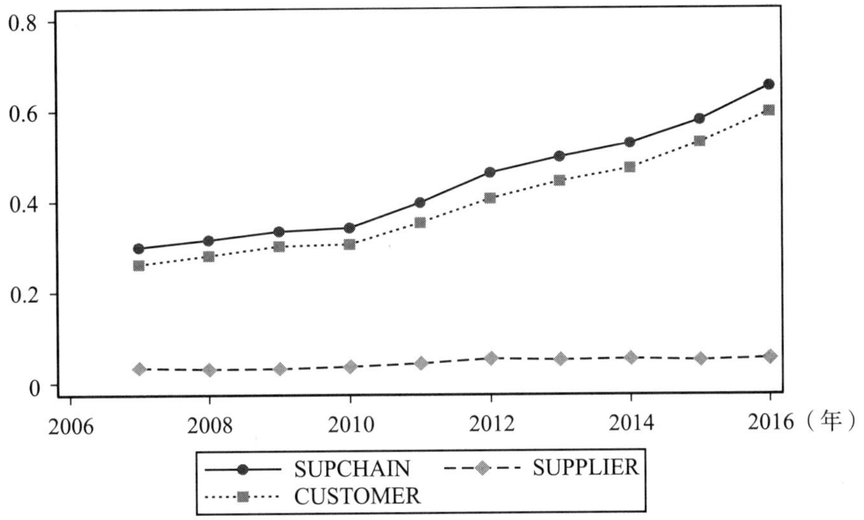

图2-3 供应链风险信息披露时间趋势

2014年、2015年和2016年证监会对《2号准则文件》进行了修订，但“管理层讨论与分析”中对于未来风险披露的要求无实质性改变。除了“管理层讨论与分析”部分，《2号准则文件》也对年报中其他部分的风险披露做出了规定，如2012~2014年要求“公司应当在年度报告目录后单独刊登重大风险提示。公司对风险因素的描述应当围绕公司的经营状况，遵循重要性原则披露可能对公司未来发展战略和经营目标的实现产生不利影响的重大风险，并根据实际情况，披露已经或将要采取的措施”。此外，2012 年后该法规要求公司在“重要事项”和“公司治理”部分披露相应风险，但实践中该部分披露无实质性信息。表 2 - 2 列示了我国法规对于主板上市公司年报中风险披露的相关规定。

对于创业板上市公司，证监会于 2009 年《公开发行证券的公司信息披露内容与格式准则第 30 号——创业板上市公司年度报告的内容与格式》开始要求其在“董事会讨论与分析”中披露可能存在的风险，并且提出“原材料价格及供应风险、单一客户依赖风险”；2012 年证监会开始要求创业板上市公司在“主要会计数据和财务指标摘要之后刊登重大风险提示”。表 2 - 3 列示了我国法规对于创业板上市公司年报中风险披露的相关规定。

表 2－2　　我国上市公司年报风险信息披露法规汇总——主板

内容项目	2007 年	2012 年	2014 年	2015 年	2016 年
重要提示、目录和释义	—	（1）如年度报告涉及未来计划等前瞻性陈述，同时附有相应的警示性陈述，则应当声明该计划不构成公司对投资者的实质承诺，请投资者注意投资风险。（2）公司应当在年度报告目录后单独刊登重大风险提示。公司对风险因素的描述应当围绕公司的经营状况，遵循重要性原则披露可能对公司未来发展战略和经营目标的实现产生不利影响的重大风险，并根据实际情况，披露已经或将要采取的措施	同 2012 年	年度报告涉及未来计划等前瞻性陈述，同时附有相应的警示性陈述，则应当声明该计划不构成公司对投资者的实质承诺，投资者及相关人士均应当对此保持足够的风险认识，并且应当理解计划、预测与承诺之间的差异。公司应当提示需要提请投资者特别关注的重大风险，并提请投资者注意阅读。（注意：取消了刊登重大风险提示的要求）	同 2015 年

续表

内容项目	2007 年	2012 年	2014 年	2015 年	2016 年
管理层讨论与分析（2007～2014 年叫作“董事会报告”，2015 年改为“管理层讨论与分析”，2016 年改为“经营情况讨论与分析”）	（1）公司存在其控制下的特殊目的主体时，应介绍公司对其控制权方式和控制权内容，并说明公司从中可以获取的利益和对其所承担的风险。（2）公司应当遵循重要性原则披露可能对公司未来发展战略和经营目标的实现产生不利影响的所有风险因素（包括宏观政策风险、市场或业务经营风险、财务风险、技术风险等），公司应当针对自身特点进行风险揭示，披露的内容应当充分、准确、具体。同时公司可以根据实际情况，介绍已（或拟）采取的对策和措施，对策和措施应当内容具体，具备可操作性	（1）非金融类公司委托理财及衍生品投资的情况。公司应当披露资金来源、合作方、投资份额、投资期限、产品类型、预计收益、投资盈亏，是否涉诉等。如公司有委托贷款事项，应当披露委托贷款借款人、借款用途、抵押物或担保人，以及展期、逾期或诉讼事项及风险应对措施。（2）公司存在控制下的特殊目的主体时，应当披露公司对其控制权方式和控制权内容，并说明公司从中可以获取的利益和对其所承担的风险。（3）公司应当对未来发展进行展望，就行业竞争格局和发展趋势、未来发展战略、下一年度经营计划以及未来面对的风险等因素进行分析，包括：	（1）非金融类公司委托理财及衍生品投资的情况。公司应当披露资金来源、合作方、投资份额、投资期限、产品类型、预计收益、投资盈亏，是否涉诉等。如公司有委托贷款事项，应当披露委托贷款借款人、借款用途、抵押物或担保人，以及展期、逾期或诉讼事项及风险应对措施。（2）公司存在控制下的特殊目的主体时，应当披露公司对其控制权方式和控制权内容，并说明公司从中可以获取的利益和对其所承担的风险。（3）公司应当对未来发展进行展望，就行业竞争格局和发展趋势、未来发展战略、下一年度经营计划以及未来面对的风险等因素进行分析，包括：（一）行业竞争格局和发展趋势…（二）公司发展战略……	取消了非金融类公司委托理财及衍生品投资风险披露的要求。其他要求：（1）公司存在其控制下的结构化主体时，应当介绍公司对其控制权方式和控制权内容，并说明公司从中可以获取的利益和对其所承担的风险。（2）公司应当对未来发展进行展望。应当讨论和分析公司未来发展战略、下一年度的经营计划以及公司可能面对的风险，鼓励进行量化分析，主要包括但不限于：（一）行业格局和趋势……（二）公司发展战略……（三）经营计划，新增要求公司应当同时说明该经营计划并不构成公司对投资者的业绩承诺，提示投资者对此保持足够的风险意识，并且应当理解经营	（1）公司存在其控制下的结构化主体时，应当介绍公司对其控制权方式和控制权内容，并说明公司从中可以获取的利益和对其所承担的风险。（2）公司应当对未来发展进行展望。应当讨论和分析公司未来发展战略、下一年度的经营计划以及公司可能面对的风险，鼓励进行量化分析，主要包括但不限于：（一）行业格局和趋势……（二）公司发展战略……（三）经营计划……（4）可能面对的风险。公司应当针对自身特点，遵循关联性原则和重要性原则披露可能对

续表

内容项目	2007 年	2012 年	2014 年	2015 年	2016 年
管理层讨论与分析（2007～2014 年叫作“董事会报告”，2015 年改为“管理层讨论与分析”，2016 年改为“经营情况讨论与分析”）	—	（一）行业竞争格局和发展趋势……（二）公司发展战略……（三）经营计划……（四）可能面对的风险，公司应当针对自身特点，遵循关联性原则和重要性原则披露可能对公司未来发展战略和经营目标产生不利影响的重大风险因素（包括政策性风险、行业风险、业务模式风险、经营风险、环保风险、汇率风险、利率风险、技术风险、产品价格风险、原材料价格及供应风险、财务风险、单一客户依赖风险、核心技术人员变动风险等），披露内容应当充分、准确，采取图表结合数据的形式，简要分析各风险因素对公司当期及未来经营业绩的影响，并说明已经或	（三）经营计划……（四）因维持当前业务并完成在建投资项目公司所需的资金需求……（五）可能面对的风险。公司应当针对自身特点，遵循关联性原则和重要性原则披露可能对公司未来发展战略和经营目标产生不利影响的重大风险因素（包括政策性风险、行业风险、业务模式风险、经营风险、环保风险、汇率风险、利率风险、技术风险、产品价格风险、原材料价格及供应风险、财务风险、单一客户依赖风险、核心技术人员变动风险等），披露内容应当充分、准确，采取图表结合数据的形式，简要分析各风险因素对公司当期及未来经营业绩的影响，并说明已经或计划采取的应	计划与业绩承诺之间的差异。公司应当披露维持公司当前业务并完成在建投资项目所需的资金需求，对公司经营计划涉及的投资资金的来源、成本及使用情况进行简要说明……（4）可能面对的风险。公司应当针对自身特点，遵循关联性原则和重要性原则披露可能对公司未来发展战略和经营目标的实现产生不利影响的风险因素（例如政策性风险、行业特有风险、业务模式风险、经营风险、环保风险、汇率风险、利率风险、技术风险、产品价格风险、原材料价格及供应风险、财务风险、单一客户依赖风险，以及因设备或技术升级换代、核心技术人员辞职、特许经营权丧失等导	公司未来发展战略和经营目标的实现产生不利影响的风险因素（例如政策性风险、行业特有风险、业务模式风险、经营风险、环保风险、汇率风险、利率风险、技术风险、产品价格风险、原材料价格及供应风险、财务风险、单一客户依赖风险、商誉等资产的减值风险以及因设备或技术升级换代、核心技术人员辞职、特许经营权丧失等导致公司核心竞争能力受到严重影响等），披露的内容应当充分、准确、具体，应当尽量采取定量的方式分析各风险因素对公司当期及未

续表

内容项目	2007 年	2012 年	2014 年	2015 年	2016 年
管理层讨论与分析（2007～2014 年叫作“董事会报告”，2015 年改为“管理层讨论与分析”，2016 年改为“经营情况讨论与分析”）	—	计划采取的应对措施。对于报告期内较上一年度的新增风险因素，公司应当对其产生原因、对公司的影响以及已采取或拟采取的措施及效果进行分析。如分析表明相关变化趋势已经、正在或将要对公司的经营成果和财务状况产生重大影响的，公司应当提供管理层对相关变化的基本判断，详细分析对公司的影响程度	对措施。对于报告期内较上一年度的新增风险因素，公司应当对其产生原因、对公司的影响以及已采取或拟采取的措施及效果进行分析。如分析表明相关变化趋势已经、正在或将要公司的经营成果和财务状况产生重大影响的，公司应当提供管理层对相关变化的基本判断，详细分析对公司的影响程度	致公司核心竞争能力受到严重影响等），披露的内容应当充分、准确、具体，应当尽量采取定量的方式分析各风险因素对公司当期及未来经营业绩的影响，并介绍已经或计划采取的应对措施。对于本年度较上一年度的新增风险因素，公司应当对其产生的原因、对公司的影响以及已经采取或拟采取的措施及效果等进行分析。若分析表明相关变化趋势已经、正在或将要对公司的财务状况和经营成果产生重大影响的，公司应当提供管理层对相关变化的基本判断，尽可能定量分析对公司的影响程度	来经营业绩的影响，并介绍已经或计划采取的应对措施。于本年度较上一年度的新增风险因素，公司应当对其产生的原因、对公司的影响以及已经采取或拟采取的措施及效果等进行分析。若分析表明相关变化趋势已经、正在或将要对公司的财务状况和经营成果产生重大影响的，公司应当提供管理层对相关变化的基本判断，尽可能定量分析对公司的影响程度

续表

内容项目	2007 年	2012 年	2014 年	2015 年	2016 年
重要事项	—	年度报告披露后面临暂停上市和终止上市风险的公司，应当披露导致暂停上市或终止上市的原因以及公司采取的消除暂停上市或终止上市情形的措施。面临终止上市风险的公司，应当同时披露终止上市后投资者关系管理工作的详细安排和计划	同 2012 年	年度报告披露后面临暂停上市情形的公司，应当披露导致暂停上市的原因以及公司拟采取的应对措施。年度报告披露后面临终止上市情形的公司、因重大违法面临暂停上市或终止上市风险的公司和已披露主动退市方案的公司，应当单独披露退市情况专项报告，并提醒投资者予以关注	同 2015 年
公司治理	—	监事会在报告期内的监督活动中发现公司存在风险的，公司应当披露监事会就有关风险的简要意见、监事会会议召开时间、会议届次、参会监事以及指定披露网站的查询索引及披露日期等信息；否则，公司应当披露监事会对报告期内的监督事项无异议	同 2012 年	同 2012 年	同 2012 年

资料来源：笔者根据相关文件整理而得。

表 2－3　我国上市公司年报风险信息披露法规汇总——创业板

项目	2009 年	2012 年
重要提示、目录及释义	公司应在年度报告文本扉页刊登如下（不限于）重要提示：如果执行审计的会计师事务所对公司出具了否定意见或无法表示意见的审计报告，重要提示中还应增加以下陈述：公司将被交易所实行退市风险警示，请投资者注意风险	如果报告中涉及未来的计划、预测等方面的内容，重要提示中还应增加以下陈述：本报告中如有涉及未来的计划、业绩预测等方面的内容，均不构成本公司对任何投资者及相关人士的承诺，投资者及相关人士均应对此保持足够的风险认识，并且应当理解计划、预测与承诺之间的差异
会计数据和财务指标摘要	—	公司应在主要会计数据和财务指标摘要之后刊登重大风险提示。公司对风险因素的描述应当围绕公司的经营情况，遵循重要性原则，披露可能对公司下一年度发展战略和经营目标的实现产生不利影响的重大风险，包括但不限于未来不能持续成长的风险、不能持续进行技术创新或产品更新的风险、产品的市场竞争风险、对大客户的依赖风险、重大投资失败的风险、关键技术人员流失的风险等，并根据实际情况，披露已经或将要采取的措施
管理层讨论与分析	（1）公司存在其控制下的特殊目的主体时，应介绍公司对其控制权方式和控制权内容，并说明公司从中可以获取的利益和对其所承担的风险。（2）公司应当遵循重要性原则披露可能对公司未来发展战略和经营目标的实现产生不利影响的所有风险因素（包括政策性风险、行业特定风险、业务模式风险、经营风险、环保风险、汇率风险、利率风险、技术风险、产品价格风险、原材料价格及供应风险、资产质量或资产结构风险、财务风险、单一客户依赖风险等），公司应当针对自身特点进行风险揭示，披露的内容应当充分、准确、具体，应尽量采取定量的方式分析各风险因素对公司当期及未来经	（1）分析与讨论公司的外部环境、市场格局、风险因素等内容时，所述内容应与公司的经营成果、财务状况具有足够的关联度，应充分考虑公司的外部经营环境（包括但不限于经济环境、行业环境等）和内部资源条件（包括但不限于资产、技术、人员、经营权等），结合公司的战略和营销等管理政策，以及公司所从事的业务特征，进行有针对性的讨论与分析，并且保持逻辑的连贯。（2）公司存在其控制下的特殊目的主体时……（3）公司应对未来发展进行展望。应讨论和分析行业竞争格局和趋势，披露公司未来发展战略、下一年度的经营计划以及公司可能面对的风险。主要包括但不限于：（一）行业格局和趋势……（二）公司发展战略……（三）经营计划……（四）可能面对的风险。公司应当针对自身特点，遵循关联性原则和重要性原则披露可能对公司未来发展战略和经营目标的实现产生不利影响的重大风

续表

项目	2009 年	2012 年
管理层讨论与分析	营业绩的影响。同时公司可以根据实际情况，介绍已（或拟）采取的对策和措施，对策和措施应当内容具体，具备可操作性。对于本年度较上一年度的新增风险因素，上市公司应对其产生的原因、对上市公司的影响以及已经采取或拟采取的措施及效果等进行分析。（3）公司应当对持有的以公允价值计量的境内外基金、债券、信托产品、期货、金融衍生工具等金融资产的初始投资成本、资金来源、报告期内购入或售出情况、公允价值变动情况、对投资收益影响、风险状况、会计核算科目等进行披露	险因素（例如政策性风险、行业特有风险、业务模式风险、经营风险、环保风险、汇率风险、利率风险、技术风险、产品价格风险、原材料价格及供应风险、财务风险、单一客户依赖风险、核心技术人员变动等），披露的内容应当充分、准确、具体，应尽量采取定量的方式分析各风险因素对公司当期及未来经营业绩的影响，并介绍已经或计划采取的应对措施。对于本年度较上一年度的新增风险因素……若分析表明相关变化趋势已经、正在或将要对公司的财务状况和经营成果产生重大影响的，公司应提供管理层对相关变化的基本判断，尽可能定量分析对公司的影响程度。（4）要求对报告期持有的以公允价值计量的境内外基金、债券、信托产品、期货、金融衍生工具等金融资产的初始投资成本、资金来源、报告期内购入或售出及投资收益情况、公允价值变动情况等进行披露。此处取消了“风险状况”四字
重要事项	—	年报披露后面临暂停上市和终止上市风险的公司，应当充分披露导致暂停上市或终止上市的原因以及公司采取的消除暂停上市或终止上市情形的措施。面临终止上市风险的公司，应同时披露终止上市后投资者关系管理工作的详细安排和计划
公司治理	—	监事会在报告期内的监督活动中发现公司存在风险的，公司应当披露监事会就有关风险的简要意见、监事会会议召开时间、会议届次、参会监事以及在指定披露网站的披露索引及披露日期等信息；否则，公司应当披露监事会对报告期内的监督事项无异议

第三章
文献回顾

第一节　供应链文献回顾

供应链方面的研究涉及方方面面，对会计学、管理学和营销学领域都有研究，但研究的侧重点或出发点有所区别。为了更好地理解供应链关系以及该方面的研究，本书对会计领域关于供应链的探讨做了详尽梳理，同时提取了其他领域中重要的供应链理论或研究，并将供应链类文献划分为：（1）供应商与客户关系的建立。（2）供应商与客户合作。（3）供应商与客户关系持续性。（4）供应商/客户重要性。（5）供应商/客户谈判力（议价能力）。这类话题与供应商/客户重要性话题在衡量供应商/客户重要性和供应商/客户谈判力时，变量设计往往一样。但此处将二者分开总结的原因在于，重要供应商/客户通常更具有谈判力，但是重要供应商/客户也可能为企业带来效率的提高，因此以供应商/客户重要性为主题的文章通常会从这正反两方面进行探讨；而供应商/客户谈判力话题则是以谈判力为讨论核心。（6）供应商与客户关系的溢出效应。（7）客户信息披露。在以上七类研究中，会计领域主要对供应商/客户重要性、谈判力、溢出效应以及客户信息披露进行了探讨。下面分别对这七类研究进行总结。

一、供应商与客户关系的建立

（一）影响因素

在企业与供应商或客户关系的建立方面，已有研究主要探讨了企业对供应商的选择。供应商选择研究始于 1966 年美国学者迪克森（Dickson，1966）在 *Journal of Purchasing* 上发表的一篇论文，随后便引起学术界的普遍关注。迪克森（1996）对 273 名代理商和管理人员进行调查统计，总结出 23 条供应商选择标准。根据重要性排序，它们分别是质量、交货期、历史表现、保证条款、生产设备与产能、价格、技术能力、财务状况、程序遵守情况、交流系统、行业美誉度、合作热情、组织管理、操作控制、维修服务、态度、印象、包装能力、劳资关系、地理位置、既往业务量、培训和联营安排。

后续研究在迪克森（1996）的基础上对1966年后供应商选择标准进行了探讨。韦伯等（Weber et al.，1991）回顾了1966~1991年发表的关于供应商选择标准和方法的74篇文献。2003年，张等（Zhang et al.，2003）以同样的方法回顾了1992~2003年的49篇相关文献。韦伯等（1991）和张等（2003）还对迪克森（1996）的23项指标按引用频率重新进行排序，揭示了这些指标的变化情况。霍等（Ho et al.，2010）也以类似的方法总结了已有文献中对于供应商选择标准的研究，其研究表明学者们讨论最多的供应商选择标准为“质量”，然后是“运输”“价格或成本”“产能”“服务”“管理”“技术”“关系”“风险”以及“安全与环境”。

对比以上研究结论可以看出，一些指标（如质量、价格、产能、技术）始终占据主要地位，但大多数指标的排序已有显著变化，比如地理位置的权重在韦伯等（1991）的研究中是21%，而在张等（2003）的研究中却只占11%，在霍等（2010）的研究中已不再是重要选择标准，可能的解释是经济全球化以及物流业的快速发展使得地理位置不再是制约供应商选择的重要因素。此外，一些新的供应商选择标准涌现，比如“安全与环境”，这和环保观念、安全观念日益受到监管者、企业和投资者重视有关。

国内研究中李随成等（2012）以我国制造企业为研究对象，研究表明供应商技术能力、供应商的信誉及企业特征、供应商的合作经历、双方合作兼容性、供应商情景及合作的意愿是我国制造企业选择供应商的关键影响因素。

总体来看，供应商选择标准对于实务界和学术界具有重要性，并且这些标准的重要性并非一成不变，而是会随着经济环境的改变而改变。

（二）经济后果

供应商与客户关系的建立或存在会对企业的融资和公司治理产生一定的影响，已有研究在这方面主要探讨了供应商与客户关系对企业融资（Cunat，2007，Fabbri and Menichini，2010；江伟和姚文韬，2016）、首席执行官（CEO）薪酬

（Arora and Alam，2005）以及社会责任（黄伟和陈钊，2015）的影响。

融资方面，已有研究主要探讨了供应商与客户关系如何影响企业的商业信用及银行贷款。库纳特（Cunat，2007）探讨了供应商与客户关系对企业商业信用的影响。该研究通过模型分析探讨了两个问题：为何供应商会给予客户商业信用；为何供应商给予的商业信用成本比银行贷款成本更高。文章认为由于供应商与客户的交易联系，供应商给予客户商业信用后，可以通过终止供货以要求客户还款，银行则不具有该便利性，因此当银行不愿给予贷款时，供应商可能愿意给予商业信用。另外，由于供应商更换客户存在成本，当前客户存在财务危机时，供应商为了保护该商业联系会有动机给予其贷款。商业信用的高成本是因为这两类动机下产生的"违约溢价"（default premium，即供应商在企业无法取得银行贷款时提供商业信用，承担了更高的风险，因此应该收回违约溢价）和"保险溢价"（insurance default，即客户企业未来可能具有流动性危机，供应商需要收取保险溢价）。

从商业信用比银行贷款成本更高这一角度出发，企业对商业信用的依赖程度应该随着信贷约束程度而提高，但是实证证据与此观点并不一致，比如彼得森和拉詹（Petersen and Rajan，1997）发现，美国大型企业（更不可能存在信用约束）更可能利用商业信用。对此，法夫里和梅尼奇尼（Fabbri and Menichini，2010）认为相对于银行这类债权人，供应商这类债权人在企业清算时更可能获取收益，并且供应商具有信息优势。因此：（1）供应商的这些优势导致非融资约束企业会采用商业信用；（2）如果企业的投入流动性较强，那么企业更可能依赖于商业信用，因为这类企业清算时供应商可获得的收益更高；（3）产品类企业比服务类企业更可能采用商业信用融资，但服务类企业比产品类企业更可能提供商业信用；（4）供应商更可能借给客户企业原材料而非现金；（5）企业对商业信用的依赖程度与其有形资产的密集度正相关；（6）债权人保护程度越高，企业利用商业信用的程度和有形资产的投入越低。此外，江伟和姚文韬（2016）发现，当客户为民营性质的上市公司时更容易获得应收账款质押融资。

CEO 薪酬方面，奥罗拉和阿拉姆（Arora and Alam，2005）研究发现，企业制定长期激励计划后，CEO 薪酬会与客户、股东以及员工的需求挂钩，但没有证据表明 CEO 薪酬会与供应商的需求挂钩。

社会责任方面，黄伟和陈钊（2015）基于中国 12 个城市 1 268 家企业的调查数据研究发现，外资企业通过供应链压力这一渠道对中国企业的社会责任表现有积极影响，且这一作用仅当中国企业是外资企业的供应商时才显著，而当中国企业是外资企业的客户时则不显著。

二、供应商与客户合作

供应商与客户建立关系后，形成一种合作伙伴关系。双方间的合作会受到供应商和客户对未来关系持续期的预计、接触的频率以及表现的不确定性影响（Heide and Miner，1992），同时，也有研究通过问卷调查研究方式发现供应商客户合作能够带来收益并在竞争中具有优势（Jap，1999）。已有研究主要探讨了供应商与客户合作中信息共享、专有化投资及其他合作形式的影响因素及经济后果。

（一）供应商与客户信息共享

对于供应商与客户信息共享话题的研究较少，会计类研究更多的是将供应商客户信息共享和企业的会计信息或业绩联系起来，管理类研究则更多的是从管理的角度进行探讨。供应商与客户间的信息共享是一把“双刃剑”。一方面，供应商与客户间信息共享可能提高沟通效率和产品效率；另一方面，信息共享也可能带来供应商或客户的机会主义行为。

已有研究发现，供应商与客户间的信息共享能够降低成本、提高收益。卡雄和费希尔（Cachon and Fisher，2000）的研究表明，相比于仅共享订单信息，全面共享需求和存货信息更能降低供应链成本，并且供应链上通过信息技术加快产品流比通过信息技术提高信息流更能降低成本。库珀（Kulp，2002）通过分析式研究结果表明，VMI 系统带来的供应链效用的大小取决于销售商在多大程度上向供应商提供其内部会计信息以及供应商准确获取并利用这些信息的能力。调查数据表明，当零售商提供更多精确的销售及存货（比如需求）信息、制造商能够确保信息的可靠传递和获取时，制造商更可能采用 VMI 系统，这与模型的预测结果一致。保拉等（Paulraj et al.，2008）也发现组织内部沟通有利于供应商和客户业绩。施洛泽（Schloetzer，2012）研究表明，更多的项目整合和信息共享有利于供应链双方业绩的提高，并且有利于经销商续签。若蒙等（Ruomeng et al.，2015）研究发现，如果企业能将下游的销售数据纳入订单预测系统中，可以大大减少预测误差。

但是供应商与客户间的信息共享也可能带来负面影响。拜曼和拉詹（Baiman and Rajan，2002）通过模型分析研究发现，信息共享抑制了买方的创新动机，并且对供应商投资可变产品技术的动机具有不同影响。

如上所述，由于信息共享不仅能为供应链双方带来收益，也可能带来机会主义问题，供应链双方会在信息共享的收益与成本间进行权衡，以确定是否进行信息共享或者在多大程度上进行信息共享。对此，德雷克和哈卡（Drake and Haka，2008）通过实验研究发现，由于担心机会主义行为，供应商和客户不愿意分享细节信息而更愿意分享粗略信息。施洛泽（2012）采用供应链双方力量的不对称性来衡量套牢问题（Hold-up）的严重性，研究发现，当套牢问题越严重时，经销商越不可能进行项目的整合和信息共享。尚等（Shang et al.，2016）研究发现，生产成本、竞争程度以及客户是否能为信息共享支付费用会影响企业与客户间的信息共享。

（二）供应商/客户专有化投资

企业拥有重要供应商/客户时更可能进行专有化投资，但一些文献直接从专有化投资角度进行研究。同样，专有化投资话题与供应商/客户重要性话题也有交叉的地方。重要供应商/客户通常会进行专有化投资，这是供应商/客户重要性文献在论述时通常提到的论点，但是也有一些文献直接以专有化投资为核心进行研究。

1. 影响因素

供应商与客户间的专有化投资会受到企业负债率（Kale and Shahrur，2008）、盈余管理（Raman and Shahrur，2008）、CEO 薪酬（Kale et al.，2011）的影响。

负债率方面，卡尔和沙鲁尔（Kale and Shahrur，2008）认为，供应商或客户在决定是否对企业进行专有化投资时会偏向风险较低的企业，负债率可能是风险考量的因素之一。其研究发现对于高负债率企业，其供应商/客户专有化投资水平更低。

盈余管理方面，拉曼和沙鲁尔（Raman and Shahrur，2008）研究发现，当企业与供应商/客户的交易额较大时，企业上期的应计盈余管理程度与本期供应商/客户 R&D 投资显著正相关，说明企业会利用盈余管理吸引供应商/客户专有化投资。

CEO 薪酬方面，卡尔等（2011）研究表明，当 CEO 薪酬具有风险激励时，客户和供应商的专有化投资会下降。

以上研究结果表明，供应商/客户更愿意对风险小（负债率低、CEO 薪酬无风险激励时）、经营业绩表现好（应计盈余管理程度较高）的企业进行专有化投资。

2. 经济后果

供应商或客户的专有化投资会带来一系列经济后果。已有研究主要探讨了其对盈余管理（Dou et al.，2013；Raman and Shahrur，2008）、负债率（Kale and Shahrur，2007；Kale and Shahrur，2008）及股权融资成本（Wang and Wang，2014）的影响。

首先，为了吸引供应商/客户专有化投资，企业有动机通过盈余管理粉饰其经营业绩，因此供应商/客户的专有化投资可能影响企业的盈余管理行为。拉曼和沙鲁尔（2008）研究发现：（1）行业层面的供应商/客户专有化投资与应计盈余管理程度显著正相关。（2）当采用公司层面数据时，供应商专有化投资与应计盈余管理水平显著正相关，但客户专有化投资与企业的应计盈余管理水平显著负相关，可能的原因在于企业的谈判力与客户相比较差，较差的谈判力削弱了企业报告高收益的动机。进一步研究表明，当企业规模相较于客户规模较大时，企业层面的客户专有化投资与企业应计盈余管理程度间的负相关关系弱化，说明企业进行盈余管理的动机会受到其与客户谈判力大小的影响。（3）行业层面的供应商/客户专有化投资与企业的盈余平滑水平显著负相关。但窦等（Dou et al.，2013）通过跨国研究发现了不同结论。窦等（2013）认为，在契约保护较弱的国家，供应商或客户为了吸引对方的专有化投资，有动机通过盈余平滑行为向对方发出信号，其研究发现，当企业处于契约保护较弱的国家且专有化投资需求较高的行业时，进行盈余平滑的程度更高。

除了通过盈余管理方式吸引专有化投资，卡尔和沙鲁尔（2007；2008）研究发现，企业会通过降低负债率的方式以吸引供应商/客户进行专有化投资，导致企业负债率与供应商/客户的 R&D 投入负相关。同时，当供应商/客户谈判力较强时，企业也可能将负债作为与供应商/客户谈判时的筹码，导致企业负债率与供应商/客户关系所在行业的集中度正相关。

以上研究表明供应商/客户专有化投资会影响企业的行为，王和王（Wang and Wang，2014）则探讨了供应商/客户专有化投资对投资者的影响。该研究认为，当企业的供应商对企业专有化投资较高时，供应商转换到其他客户的成本较高，因此企业失去该供应商的可能性较低，风险较低，融资成本可能降低。其研究表明供应商的专有化投资与企业的股权融资成本显著负相关。

综上，已有研究在供应商/客户专有化投资的经济后果方面发现其会影响企业的盈余管理和负债行为，并且会影响股权融资成本，该方面或许可以做进一步探讨。

（三）供应商与客户关系的其他形式

企业在与供应商或客户建立关系时可能通过契约（Almeida et al.，2017，Houston and Johnson，2000）、持股（Fee et al.，2006）甚至参与董事会（Minnick and Raman，2017）的方式进行。

契约方面，休斯敦和约翰逊（Houston and Johnson，2000）研究表明，供应商和客户更可能在以下情况中采用联营方式而非契约方式建立关系：（1）供应商的资产专有性较强；（2）监督供应商较为困难；（3）供应商声誉较差。客户与供应商间的垂直联营投资与契约方式的经济效果类似，供应商企业更多的是获得了超额收益。价值链上的平行联营能够产生协同效应，有利于双方利益的增长。阿梅达等（Almeida et al.，2017）利用2008年伦敦金属交易所和芝加哥商业交易所引入钢材期货这一外生事件，探讨了企业与供应商签订的购买义务合同是否具有风险管理职能。研究发现，相对于未引入钢材期货的市场，引入钢材期货的市场中企业增加了商品衍生品、减少了购买义务合同，说明企业将购买义务这一远期合同作为对冲工具之一。企业谈判能力、清算风险、套牢成本会影响企业的购买义务合同签订。只有财务健康、具有可承兑抵押品的企业才会在钢材期货引入后增加钢材期货对冲、减少购买义务；当购买义务方式成本较小或更可靠时，钢材期货引入对其影响更大。

持股方面，费等（Fee et al.，2006）探讨了客户对供应商持股的影响因素及经济后果，其研究发现：（1）契约的不完善性和财务约束是客户决定对供应商持股的重要决策依据，说明客户会通过对供应商持股的方式增加对供应商的监督和治理；（2）但客户持股比例通常不高，可能的原因是供应商担心客户持股太多会危及其控制权；（3）客户持股情况下供应商—客户关系持续时间更长，说明客户的持股能够增强其对供应商企业的监督和治理，有利于双方关系的维系。

参与董事会方面，明尼克和拉曼（Minnick and Raman，2017）研究发现，当供应商或客户投资了更多专有化资产时，企业更可能将供应商或客户纳入董事会成员中。这一关系在企业财务报告质量较差、存在融资约束以及 SOX 法案之后更强。同时，供应商或客户在进入企业董事会后会增加其专有化投资。供应商或客户进入董事会能够减少投资不足，并通过降低信息风险、加强合同条款来减少双方间的契约成本。

三、供应商与客户关系持续性

（一）影响因素

已有研究从企业的公司治理、企业行为、外部环境三个方面探讨了供应商/客户关系持续性的影响因素。

首先，企业的公司治理，如客户持股（Fee et al.，2006）、机构投资者（Cheung et al.，2015）、内部控制（Su et al.，2014）、CEO 任期（Luo et al.，2014）均会影响供应商/客户关系的持续性。费等（2006）发现，客户持股情况下供应商—客户关系持续时间更长，说明客户的持股能够增强其对供应商企业的监督和治理，有利于双方关系的维系。张等（Cheung et al.，2015）主要探讨当供应商与客户拥有相同的机构投资者（overlapping institutional ownership）时，是否会减少供应商与客户间的冲突。研究发现，机构投资者交叉有利于供应商/客户专有化投资及关系的持续性。罗等（Luo et al.，2014）研究发现，CEO 任期与企业—员工关系显著正相关，但与企业—客户关系呈倒“U”型关系，这是因为 CEO 在任职初期会注意内部和外部信息，具有学习效应，与员工和客户的关系改善会有利于企业业绩的提高，因此前期与两者均是正相关关系；但是到了后期，随着CEO任期的增长，CEO权力可能导致其更关注内部信息，因此其与员工的关系会更好，但是可能损害与客户的关系，因此后期CEO任期与员工关系正相关并有利于业绩增长，但与客户关系负相关并不利于业绩增长。苏等（Su et al.，2014）认为，内部控制缺陷可能使得客户从企业购买产品或服务的意愿降低，其研究表明企业的内部控制缺陷披露与企业的收入增长率负相关。

其次，企业的行为，比如盈余管理（Raman and Shahrur，2008）、项目整合和信息共享（Schloetzer，2012）、并购（Johnson et al.，2014；Ling et al.，2015）也会影响供应商/客户关系的持续性。拉曼和沙鲁尔（2008）发现当供应商或客户的应计盈余管理程度较高时，供应商—客户关系更可能终止。施洛泽（2012）研究表明，更多的项目整合和信息共享有利于经销商续签。并购方面，林等（Ling et al.，2015）认为，被并购的风险也可能不利于企业与重要利益相关者的关系，其研究表明当企业存在重要客户时，被并购风险的降低有利于提高企业发展新客户以及增强与现有客户关系的动机。约翰逊等（2014）发现IPO企业的反并购措施与其IPO后商业合作关系的持续时间显著正相关，该结论与林等（2015）一致。

最后，外部事件，如诉讼（Cen et al.，2016）、融资环境变化（Shenoy and Williams，2015）均会影响企业与供应商或客户关系的持续性。岑等（Cen et al.，2016）研究表明，当供应商被第三方起诉时，客户可能会减少或结束与供应商的合作关系。相比于没有重要客户的供应商，有重要客户关系的供应商更可能披露好消息而策略性的隐藏坏消息，这种关系在客户的转换成本较小时会更强。谢诺依和威廉姆斯（Shenoy and Williams，2015）通过外生事件研究发现，在银行分支限制得到放松的地区，企业融资能力变强，导致供应商—客户关系的持续性更高。

（二）经济后果

已有研究发现，企业与供应商或客户的关系会影响双方的合作（Heide and Miner，1992），影响企业业绩（Intintoli et al.，2017；Kalwani and Narayandas，1995）、现金持有（Kulchania and Thomas，2017）、商业信用（王雄元等，2015）、

贷款成本（Li and Yang，2011）以及分析师行为（王雄元和彭旋，2016）。海德和麦纳（Heide and Miner，1992）采用问卷调查的方式获取数据，研究发现供应商和客户对未来关系持续期的预计、接触的频率会促进双方的合作，表现的不确定性会抑制双方的合作。

企业业绩方面，卡尔瓦尼和拉杨达斯（Kalwani and Narayandas，1995）研究表明，与没有长期客户关系的供应商相比，具有长期客户关系的供应商能够达到相同的成长性。具有长期客户关系的供应商能够通过存货管理更好地降低成本，但是成本降低带来的收益可能会被客户攫取；这类供应商能够通过降低销售管理费用获取更高的收益。

现金持有方面，库尔恰尼亚和托马斯（Kulchania and Thomas，2017）研究表明，供应链断裂成本的增加能够解释美国上市公司现金持有增加的趋势。当企业预期供应链断裂成本越高时，其持有的现金越多。进一步研究表明，现金持有越多，企业供应链断裂现象越少。

商业信用方面，王雄元等（2015）的研究结果表明，随着企业与客户关系稳定度的增加，企业为强势客户提供的商业信用下降，具有稳定关系的强势客户更可能“体恤”企业而减少对企业商业信用的占用；在货币政策紧缩期，与企业具有稳定关系的强势客户在商业信用上对企业的“体恤”效应更强。

贷款成本方面，李和杨（Li and Yang，2011）利用企业前五年客户重复购买的次数衡量企业与客户的关系，研究发现：（1）企业与客户关系越好，企业的贷款利率越低、贷款抵押品越少，贷款期限增加，并且这一关系在客户重要时加强；（2）客户集中度增加了企业贷款的利率、贷款抵押品的数量，减少了贷款期限，但客户关系会削弱甚至扭转上述关系；（3）客户集中度和客户关系对贷款契约的强度无显著影响；（4）企业与客户关系越好，企业的债券利率越低。

分析师方面，王雄元和彭旋（2016）基于企业层面的证据表明客户越稳定，分析师对企业的盈利预测越准确，预测分歧度与偏差度越小；当企业生产非耐用品、处于行业弱势地位、稳定客户销售占比较高以及与客户关系较好时，稳定客户对分析师盈余预测准确性的影响更显著；稳定客户对分析师盈利预测准确性的影响，可能源自稳定客户对企业盈余以及盈利稳定性的提高。

四、供应商/客户重要性

（一）影响因素

已有研究中对于供应商或客户重要性的影响因素研究较少，仅基姆和李（Kim and Lee，2016）从董事会角度进行了探讨。该研究主要检验了董事会独立性对客户集中度的影响，其基本逻辑为 CEO 进行客户方面的专有化投资属于高风险、高回报，董事会越独立，其监督性越强，越可能拒绝 CEO 对客户的专有化投资；但是，董事会越独立，其信息充分性越低，很有可能会接受 CEO 对客户专有化投资，但也可能因为担心客户专有化投资风险高、收益低而拒绝 CEO 的方案。实证结果发现，董事会独立性越强，企业对客户专有化投资越多，支持后一种假设。

（二）经济后果

已有文献对于供应商或客户重要性的经济后果做了较多研究，并发现企业拥有大供应商/客户时有利有弊。有利之处在于：重要供应商/客户与企业的经营联系或信息分享可以提高企业的资产周转率（Kim and Henderson，2015）、存货管理水平（Ak and Patatoukas，2015；Gosman and Kohlbeck，2009）、应付账款管理水平（Gosman and Kohlbeck，2009）；重要客户由于与企业的经营联系，与企业的信息不对称程度更低，甚至可以获取私有信息，可能具有监督作用（Johnson et al. ，2010；Wang，2012）；同时，由于重要客户有动机选择财务状况良好、未来发展状况较好的公司进行合作，并且建立合作关系后有动机对企业进行监督，因此重要客户具有较好的鉴证作用（Johnson et al. ，2010）；重要供应商/客户更可能进行专有化投资（Wang，2012）；相对于资本市场上的投资者，产品市场中的客户更可能关注企业的长期非财务战略（Johnson et al. ，2010）。

企业拥有重要供应商/客户的不利之处在于：重要供应商或客户可能在信息共享过程中存在机会主义问题，即不合理地利用私有信息（Morgan et al. ，2007），导致零售商品类管理绩效的降低（Morgan et al. ，2007）；重要客户的议价能力较强，可能压低供应商价格，攫取企业利润（Gosman and Kohlbeck，2009）；当客户较为集中而不分散时，企业异质性风险较高（Albuquerque et al.，2014；Mihov and Naranjo，2014）；当企业拥有重要供应商/客户时，可能导致其压力减小，从而不利于其适应新环境或创新（Kim and Henderson，2015）；当失去重要供应商/客户或者重要客户发生财务危机或倒闭时，企业可能面临套牢问题并面临着供应商/客户转换成本（Hui et al.，2012），企业未来销售收入或现金流会受到负面影响（Itzkowitz，2013）。

1. 经济后果——生产经营

已有文献对于供应商/客户重要性的经济后果作了较多研究。首先，重要供应商或客户会影响企业的生产经营以及经营业绩。这些研究表明核心供应商对零售商的影响力越大，越可能进行机会主义行为（Morgan et al.，2007），可能不利于企业的业绩；但另一些研究表明重要供应商/客户有利于企业经营业绩或效率的提高（Ak and Patatoukas，2015；Gosman et al.，2004；Gosman and Kohlbeck，2009；Kim and Henderson，2015；Matsumura and Schloetzer，2015）。

一些研究探讨了重要供应商/客户对企业存货的影响。戈斯曼和科尔贝克（Gosman and Kohlbeck，2009）研究表明，当主要客户销售占比提高时，企业存货和应付账款管理水平提高。奥克和帕塔图卡斯（Ak and Patatoukas，2015）研究发现：（1）当企业客户集中度较高时，持有的存货更少、时间更短，并且更不可能出现存货过度的现象；（2）客户集中度带来的存货效率主要源于完成品；（3）客户集中度为企业带来了价值溢价。

供应商/客户重要性对企业业绩影响方面的研究较多，且结果并不一致。一些研究表明企业拥有重要供应商/客户时，其业绩更好。戈斯曼等（2004）认为，一些企业可能是供应商的重要客户，这类企业由于与供应商具有重要关系而更具有竞争优势，文章认为与供应商间的关系是重要客户企业的一项有价值的无形资产，并将这种无形资产称为“重要客户无形资产”（the major customer intangible）。戈斯曼等的研究表明，在供应商中处于重要客户地位的客户企业拥有更好的经营业绩和盈利持续性，并且市场表现更好，说明投资者识别出了重要客户企业的供应商关系价值。基姆和享德森（Kim and Henderson，2015）以供应商—企业—客户数据研究发现，企业供应商和客户的重要性与企业业绩资产回报率（ROA）、销售净利率（ROS）显著正相关，并且主要是通过提高资产周转率（ATO）达到；但是随着企业对供应商和客户依赖度的提高，企业对客户依赖度带来的收益下降，而企业对供应商依赖度带来的收益继续上升，说明供应商依赖和客户依赖给企业带来的风险是不对称的。国内研究中，陈正林等（2014）研究发现，供应链集成能显著地提高公司的财务绩效，并且是通过降低公司期间费用、提高资产使用效率，以及向上下游合作者部分让利等途径推动公司财务绩效的提高。

另一些研究表明，重要供应商/客户会抑制企业的经营业绩。戈斯曼和科尔贝克（2009）研究发现，当主要客户销售占比提高，供应商的毛利和 ROA 下降，但存货和应付账款管理水平提高，但是供应商谈判力（通过供应商规模衡量）的提高能够抑制这一关系。

还有一些研究发现，企业业绩与供应商/客户间的关系并非单调关系。欧文等（Irvine et al.，2016）研究发现，客户集中度与业绩间的关系会受到企业与客户关系生命周期的影响。企业与客户建立关系早期，客户集中度会降低企业的业绩；但是在企业与客户关系后期，客户集中度会促进企业业绩。这主要是因为在企业与客户关系建立初期，客户专有化投资会带来较高的固定成本、经营杠杆和发生损失的可能性，但这些投资在企业与客户关系建立后期会产生积极作用。

此外，松村和施洛泽（Matsumura and Schloetzer，2015）探讨了客户集中度影响供应商业绩的两条途径：（1）供应商战略（supplier's business scope，what to do）；（2）供应商优势（supplier's competitive advantage，how to do）。该研究发现客户集中度与供应商业绩间的正相关关系主要源于供应商如何做而非做什么。

2. 经济后果——资本市场

重要供应商/客户可能影响股票市场投资者对企业的反应，如 IPO 发行价。约翰逊等（Johnson et al.，2010）认为，相比于资本市场上的投资者，产品市场中的客户更可能关注企业的长期非财务战略。重要客户由于与企业的经营联系，与企业的信息不对称程度更低，甚至可以获取私有信息；同时，由于重要客户有动机选择财务状况良好、未来发展状况较好的公司进行合作，并且建立合作关系后有动机对企业进行监督，因此，重要客户具有较好的鉴证作用。该研究以 IPO 企业为研究背景，探讨重要客户是否具有信息鉴证作用。研究发现：相比于没有重要客户的IPO企业，拥有重要客户关系（即IPO企业有客户销售占比超过10%）的IPO企业价值（即IPO发行价）更高且长期业绩更好。当重要客户关系能够减少IPO不确定性、大客户和企业在下游市场关系紧密、大客户更具有鉴证作用时，重要客户关系带来的价值更高。并且，企业在首次发布IPO公告时，其大客户会有正的市场反应。米霍夫和纳兰霍（Mihov and Naranjo，2014）认为，当企业客户集中度较高时，企业很可能受到客户股票波动的影响，从而导致企业自身回报率波动性较高；而当企业拥有多个较为分散的客户时，各客户的异质性风险会得到分散，企业受客户股票波动的影响较小，因而自身回报率波动性也较小。该研究发现，企业客户集中度越高，其股票回报率波动性越大；客户集中度与企业股票回报波动性间的关系在客户违约风险较高、企业给予客户商业信用较高、供应商所处行业竞争程度较高时更强。

已有研究发现，供应商/客户集中度越高，企业的债务融资成本越高。坎佩罗和高（Campello and Gao，2014）研究发现，企业的客户集中度越高，其银行贷款利率越高、限定条款越多、贷款期限越短；企业与银行关系的持续期间和深度与客户集中度显著负相关；客户较差的财务状况会加强上述关系。达利瓦等（Dhaliwal et al.，2016）也发现客户集中度与供应商的债务融资成本显著正相关。国内研究中，王迪等（2016）的研究结果表明，供应商/客户集中度越高，企业的银行借款能力越强；供应商/客户集中给企业带来的借款优势在其议价能力较强时表现得更为突出，但议价能力的这种调节效应主要表现在供应商/客户集中度对企业全部银行借款和短期借款的影响上。王雄元和高开娟（2017）利用我国2007～2014年二级市场公司债数据的研究发现，客户集中度提高了债券信用利差。

另一些研究探讨了供应商/客户重要性对企业股权融资成本的影响，但是结论并不一致。达利瓦等（2016）探讨了客户集中度与供应商股权融资成本间的关系。该研究认为客户集中度越高，当重要客户面临融资约束或倒闭时，企业未来销售收入可能受到负面影响，并且可能无法收回应收账款导致现金流风险。基于此，客户集中度越高，供应商企业的风险会随之增加，进而导致供应商的股权融资成本越高。其研究结果表明，客户集中度与供应商股权融资成本显著正相关；这种关系在供应商失去主要客户的可能性较高，或者失去客户的损失较高时更显著；当供应商又有一个较安全的政府客户时，其股权融资成本更低。

国内陈峻等（2015）的研究结论与之相反，该研究对我国 2007～2014 年 A 股专业化经营的制造业上市公司的实证分析表明，企业的客户集中度与其权益资本成本显著负相关，但这种显著的负相关关系只在环境不确定性较低时存在。

此外，一些研究从融资约束角度进行了探讨，并发现重要供应商/客户的存在能够降低企业的融资约束程度。依茨科维茨（Itzkowitz，2015）认为，重要客户是企业的重要利益相关者，有动机也有能力对企业绩效进行监督，具有鉴证作用，因此重要客户会降低企业的代理成本，进而减少内外部融资成本，导致企业融资约束程度（投资—现金流敏感度、现金—现金流敏感度）降低，其研究结果证实了这一点。黄秋萍等（2014）发现，在存在长期合作倾向或依赖关系的情况下，制造商会引入外部资源，采用混合融资模式帮助供应商解决资金困难，制造商的采购绩效相对更好。

3. 经济后果——吸引专有化投资

为了吸引重要供应商或客户，企业有动机向供应商或客户展示更好的业绩以及更低的负债率，因此可能影响企业的盈余管理行为（Bowen et al.，1995；王雄元，2016）或者降低企业负债率（Banerjee et al.，2008）。

国内外研究探讨了供应商/客户重要性对企业盈余管理的影响，但研究结论并不一致。伯恩等（Bowen et al.，1995）采用营业成本占比衡量企业对供应商的依赖度，研究发现，非制造业中企业对供应商依赖度越高，向上的盈余管理水平越高；但是制造业企业的盈余管理水平与其对供应商的依赖度无显著相关关系。伯恩等认为这是由于制造业中营业成本很大一部分并非来自供应商，所以营业成本占比可能不能很好地衡量企业对供应商的依赖性。国内研究中，王雄元（2016）以我国 2007～2013 年 A 股上市公司为样本，研究发现随着客户集中度的提高，企业对营运资金进行粉饰的可能性下降。

班纳吉等（Banerjee et al.，2008）探讨了供应商/客户重要性对企业负债率的影响。该研究认为，供应商企业进行专有化投资时可能会考虑客户企业的财务状况，为了激励供应商企业进行专有化投资，主要客户企业可能会降低自身的负债率水平。其研究发现表明当客户处于耐用品行业时，客户对供应商企业越重要，该客户企业的负债率越低；该关系在客户处于非耐用品制造业时较弱，在客户处于非制造业时不存在。另外，对于供应商企业而言，当客户销售占比较高时，供应商企业失去客户的成本较高，考虑到这一风险，供应商企业有动机保持较低的负债率水平。研究发现当客户销售占比较高时，供应商企业的负债率水平较低，但该关系仅存在于供应商处于耐用品行业的样本中；但是，拥有政府型大客户的企业，其负债水平不受影响，即使企业处于耐用品行业。

4. 经济后果——应对专有化投资

企业拥有重要供应商或客户时，可能为了应对企业自身或供应商/客户的专有化投资而采取措施。已有研究主要从反并购和成本粘性两个角度进行了探讨。

反并购方面，约翰逊等（2014）认为，企业会进行反并购以避免公司经营战略的改变或者给商业合作者带来成本，比如专有化投资成本。其研究表明 IPO 企业具有重要商业关系时更可能实施反并购措施；IPO 企业的反并购措施与其 IPO 后商业合作关系的持续时间显著正相关；IPO 企业的反并购措施会对大客户产生正的溢出效应；并且当 IPO 企业有重大客户并进行反并购时，其价值和后续经营业绩更好。

成本粘性方面，张等（Chang et al.，2014）认为，客户集中度较高的企业可能为了减少转换成本而避免在专有化投资时投入固定成本，但也可能为了增加客户企业的转换成本、建立相互间的依赖性而投入更多固定成本。其研究表明客户集中度与成本粘性显著负相关，支持了前一种假设。国内研究中王雄元和高开娟（2017）的研究得出了相同的结果。

5. 经济后果——应对依赖风险

客户集中度较高时，企业的异质性风险较高（Albuquerque et al.，2014；Mihov and Naranjo，2014），为了降低该异质性风险，企业可能采取一定的措施。已有研究主要从 CEO 薪酬设置和社会责任披露两方面进行了探讨。

CEO 薪酬方面，阿尔布凯克等（Albuquerque et al.，2014）认为当客户集中度较高时，企业面临较高的异质性风险，因此企业采取 CEO 股权激励的动机较小，其研究表明客户集中度与 CEO 股权激励显著负相关，证实了其假设。

社会责任方面，哈比等（Habib et al.，2015）认为企业可能通过社会责任活动降低客户集中度带来的风险。研究发现：（1）企业的公司型客户集中度与企业的社会责任披露显著正相关，但企业的政府型客户集中度与企业的社会责任披露显著负相关；（2）企业的社会责任活动减少了公司型客户集中度较高企业的异质性风险。

6. 经济后果——应对现金流问题

依茨科维茨（2013）认为，如果一个客户占据了供应商企业销售收入的大部分，那么失去这一客户将对企业财务状况产生负面影响。为了应对失去重要供应商/客户带来的财务问题，企业可能在资金管理方面采取相应措施。已有研究表明，为了应对供应商或客户依赖带来的财务问题，企业会减少股利支付（Wang，2012）、增加现金持有（Cohen and Li，2014；Itzkowitz，2013；王勇和刘志远，2016）以及进行避税（Cen et al.，2016；Huang et al.，2016）。

股利支付方面，王（2012）认为重要供应商/客户关系可能从两个方面影响企业的现金股利支付。一方面，重要供应商/客户关系的存在导致企业更可能进行专有化投资，由此带来的财务危机成本导致企业不得不减少现金股利的发放（财务危机假说）；另一方面，重要供应商/客户可以获取企业内部信息，具有监督作用，这种重要供应商/客户的监督作用可能减少了企业通过发放股利来减少自由现金流问题的动机（鉴证假说）。实证结果表明，企业的重要供应商/客户关系与现金股利发放负相关，并且进一步研究证实了第一个假说。

现金持有方面，依茨科维茨（2013）认为当供应商存在重要客户关系时，出于预防动机，供应商会持有更多现金；客户关系越重要，供应商持有的现金越多。王勇和刘志远（2016）研究发现，随着供应商关系紧密程度的增加，企业将持有较多的现金，这与依茨科维茨（2013）的结论一致，但他们研究认为企业主要基于关系承诺动机，而非预防动机；此外，他们还发现相对于市场地位较高企业和政府控股企业，供应商关系更能激发市场地位较低企业和非政府控股企业的关系承诺动机进而使其持有更多的现金。科恩和李（2014）发现客户的政府背景也会影响企业是否持有更多现金。其研究发现，主要客户中有美国政府的企业现金持有更少，上游供应商考虑到企业与下游政府客户的关系，会给予更少的商业信用。

避税方面，黄等（Huang et al.，2016）认为税收筹划可以增加企业的现金流和盈余水平，并且风险容忍度较高的企业更可能接受避税带来的风险，因此客户集中度与企业的避税显著正相关。其研究发现：（1）企业的客户集中度与避税显著正相关；（2）这一正相关关系在企业市场份额较小、多元化程度较低、真实盈余管理水平较低时更强；（3）政府类主要客户能为供应商提供较为稳定的现金流，因此会削弱供应商的避税动机，研究结果表明企业拥有政府型供应商时避税的水平更低。岑等（2016）的结论与其一致，其研究表明企业的供应商或客户重要程度越高，避税程度越高。

7. 经济后果——审计

供应商/客户重要性除了会影响企业的生产经营、资本市场反应以及企业的应对措施外，还会影响审计，比如审计师选择、审计费用和审计质量。

审计师选择方面，张敏等（2012）采用 2002 ~ 2009 年中国制造业上市公司数据研究发现，对于非国有公司来说，供应商集中度或客户集中度越高，公司聘用大规模的审计所进行审计的概率越低；对于国有公司来说，随着供应商集中度或客户集中度的上升，公司聘用大规模的审计所进行审计的概率先逐渐下降，但随后又逐渐上升，呈现出“U”型关系；但是这种“U”型关系只在国有股比例较高的公司中存在。

审计费用方面，希里光南等（Krishnan et al.，2015）研究表明当企业客户集中度越高时，企业的审计费用越低。王雄元等（2014）的研究得出了相同的结论。

审计质量方面，希里光南等（2015）研究表明当客户集中度较高时，企业经审计的财务报告发生财务重述的行为较少。曹强等（2012）利用我国数据研究发现客户重要性水平越高，审计师越不倾向于对财务重述公司出具严厉审计意见；但随着客户风险严重程度的提高，客户重要性与审计师对财务重述公司出具严厉审计意见的可能性由负相关转变为不相关。

五、供应商/客户谈判力

供应商/客户谈判力较强时，可能给企业带来负面影响。例如，当客户谈判力较强时可能在供应链中攫取利润，导致企业利润降低（Cowley，1986；Crook and Combs，2007；Gosman and Kohlbeck，2009；Kim and Wemmerlov，2015；Lafrance，1979；Lustgarten，1975；Porter，1974；Ravenscraft，1983；Schumacher，1991）。客户谈判力较强时，供应商可能会提高负债率（Chu，2012；Hennessy and Livdan，2009；Kale and Shahrur，2007）、减少创新行为（Farber，1981，Peters，2000）、加强会计稳健性（Hui et al.，2012；王雄元和刘芳，2014），更可能向客户提供商业信用（Fabbri and Klapper，2011）。

企业业绩方面，大部分研究发现客户谈判力较强时会削弱供应商企业的收益或利润（Cowley，1986；Gosman and Kohlbeck，2009；Lafrance，1979；Lustgarten，1975；Porter，1974；Schumacher，1991）。另一些研究则发现客户谈判力较强时企业也能从中获益。例如，克鲁克和库姆斯（Crook and Combs，2007）发现，尽管强势企业从合作中得到了更多直接利益，弱势企业也能够从合作中受益，如与强势企业建立了转换成本，增加了幸存机会等；戈斯曼和科尔贝克（2009）发现当客户议价能力较强时，企业的存货和应付账款管理水平提高；帕塔图卡斯（2012）研究发现，客户集中度与企业经营业绩和未来市场回报率显著正相关，进一步研究发现客户集中度对企业经营效率的改善源自其对销售费用的降低和资产利用效率的提高，但是投资者对客户集中度改变这一信息的反应不足，利用这一反应不足构造投资组合以获取超额收益。此外，热文斯卡夫（Ravenscraft，1983）探讨客户谈判力对供应商企业毛利的影响时发现采用不同的数据结果不一样。基姆等（2015）通过问卷调查和结构化方程研究发现供应商的谈判能力并未对供应商/客户关系或供应商从客户处攫取利润产生影响，相反，客户作为主要供应商时的谈判能力影响了供应商/客户的合作行为和供应商因供应商/客户关系获取的财务收益。

负债率方面，卡尔和沙鲁尔（2007）研究发现，当供应商/客户谈判力较强时，企业可能将负债作为与供应商/客户谈判时的筹码，导致企业负债率与供应商/客户关系所在行业的集中度正相关。亨尼西和利夫丹（Hennessy and Livdan，2009）通过模型推导研究发现，企业在供应商前提高负债水平会增加企业的总福利，但是过度负债会导致投入质量的降低，因此企业的最优负债是在谈判力增强和无效率间的权衡，该文章的模型表明企业的负债率会随供应商谈判力的提高而提高，但是会随无形投入（如人力资本）的增加而降低。以上研究均认为企业会通过提高负债率来提高自身对于供应商或客户的谈判力，楚（Chu，2012）的出发点则是企业何时需要通过负债率提高谈判力。其研究发现当供应商间的竞争程度增加时，企业的负债率降低；企业负债率会随着供应商间的替代弹性增加而降低；当供应商间的替代弹性较高时，企业负债率与供应商个数负相关；当供应商间的替代弹性较低时，负债率与供应商个数正相关。

创新方面，法伯（Farber，1981）研究发现当买方市场较为集中时，科学研究和试验发展（R&D）随着买方市场集中度的提高而提高；但是当买方市场分散时，R&D 会随着买方市场集中度的提高而降低。彼德斯（Peters，

2000）认为，客户会向供应商提供技术信息以促进供应商的创新，但是客户也可能通过价格歧视、短期合约或者限制产权以限制供应商的专有性。其研究发现：（1）当供应商处于集中度较高的市场时，客户所处行业集中度会降低供应商的创新投入和R&D人员的雇佣；（2）客户对采购价格的要求会减少供应商的创新投入及开发新产品的动力；（3）较低的行业竞争度和较多的客户来源会促进企业的创新活动；（4）小型和大型供应商在创新活动上投入更多但是应用性较小；（5）较高的技术能带来更高的创新投入和产出。

会计稳健性方面，慧等（Hui et al.，2012）认为长期性的供应商和客户需要了解企业的会计业绩以评估其长期财务状况以及进行专有化投资的风险。例如，与企业长期合作的供应商可能需要购买特殊的设备，与企业长期合作的客户为了获取产品可能需要特殊的产品技术。如果企业未来经营不善，供应商客户可能面临较高的转换成本。供应商和客户在评估企业面临财务危机的风险时，可能会考虑其会计业绩，那么企业的会计行为可能受到影响。慧等的研究发现当企业的供应商或客户谈判力较强时，企业会更快的确认损失，即会计稳健性更强。国内研究中王雄元和刘芳（2014）的研究结果与其一致。

商业信用方面，法夫里和克拉珀（Fabbri and Klapper，2011）利用2003 *World Bank Enterprise Survey for China*（2013年世界银行对中国公司的调查）获得中国企业供应链数据，以企业为中心探讨了企业与上游供应商及下游客户间商业信用的利用情况。其研究发现，当供应商企业谈判力较低（即客户谈判力较高）时，更可能向客户提供商业信用或提供的商业信用条件更好，通过商业信用销售的产品更多。国内王雄元和彭旋（2016）得到了类似结果。该研究以2007～2013年我国A股上市公司数据为样本，表明客户购买力越强，企业总体上会向强势客户提供越多的商业信用，具体而言，客户购买力越强，企业为强势客户提供的应收账款越多而从强势客户获得预收账款的可能性减少。

六、供应商与客户关系的溢出效应

企业与供应商/客户间的经营联系会给企业或第三方带来增量信息，影响企业或第三方的决策或行为。

（一）企业的反应

已有研究发现，客户的信息可能影响企业业绩（Radhakrishnan et al.，2014）、债券利率（Tsung – Kang et al.，2010）、投资行为（Alldredge and Cicero，2015；Chen et al.，2015；Kang et al.，2012）以及供应链关系（Reusen and Stouthuysen，2017）。

企业业绩方面，拉达克里希南等（Radhakrishnan et al.，2014）研究发现客户的资本市场信息质量与供应商的经营业绩显著正相关。印提里等（Intintoli et al.，2017）研究表明企业 CEO 的离职会导致供应商企业销售收入的损失。

投资行为方面，康等（Kang et al.，2012）研究发现当重要客户的负债率较高时，供应商更可能利用衍生品对冲利率风险，并且这一关系在供应商对客户依赖程度增加时提高，即当客户销售占比较大、企业处于耐用品行业或者企业进行了较多的专有化投资时，上述关系会增强。此外，供应商的对冲行为有助于供应商维系更为长久的客户关系，特别是与负债率高的客户间的关系。进一步研究表明，客户的债券公告或者客户信用评级降低的公告对非对冲供应商具有显著负向影响，但对对冲型供应商无显著影响。这些结果表明主要客户的财务风险是供应商进行对冲的原因之一，并且供应商的对冲行为有助于供应商—客户关系的持续性以及减少供应链上的溢出效应。奥尔德雷奇和西塞罗（Alldredge and Cicero，2015）研究发现，企业会根据主要客户的公开信息而卖出客户股票获利。陈等（Chen et al.，2015）研究发现，客户被卖空后，其供应商的投资（存货、R&D、固定资产）会下降。

供应链关系方面，瑞森和斯托苏森（Reusen and Stouthuysen，2017）研究发现，企业对于其上游供应商的控制会参照其下游客户如何控制他们，即供应链上企业的控制系统具有模仿性。

（二）市场的反应

供应商与客户的关系不仅会影响企业行为，还会影响企业投资者的行为。已有研究表明，客户的市场回报率（Cohen and Frazzini，2008）、IPO 公告（Johnson et al.，2010）、盈余公告（Olsen and Dietrich，1985；Pandit et al.，2011）、破产公告（Hertzel et al.，2008；Kolay et al.，2016）、CEO 辞职公告

（Intintoli et al.，2017）、并购公告（Brown et al.，2009）、反并购行为（Johnson et al.，2014）以及崩盘风险（彭旋和王雄元，2018）会影响企业的市场反应。

市场回报率方面，科恩和弗拉齐尼（Cohen and Frazzini，2008）主要探讨具有经济联系的企业间市场回报率的可预测性，认为由于投资者注意力的有限性，关联公司的信息不会立即引起企业的股价变化。该研究以企业和其重要客户为研究背景，研究发现买入重要客户回报率较好的企业股票并卖出重要客户回报率较低的企业股票可以获取超额收益，可将其称为“客户动能”（customer momentum）。进一步研究表明，同时持有企业和重要客户的基金经理会根据重要客户的信息对企业股票进行交易，仅持有企业股票而未持有重要客户股票的基金经理的交易对于重要客户的信息具有滞后性。同时，研究表明企业与其重要客户的销售收入和经营利润具有显著相关性，重要客户所发生的事件与企业未来的收入和利润相关性更高。马德森（Madsen，2017）研究表明，在企业（供应商）发布（可预期的）盈余公告前，投资者对其客户的信息获取量增加，并且获取的这些信息会影响企业（供应商）盈余公告前的市场反应，但不会影响盈余公告后的市场反应，投资者在企业（供应商）发布盈余公告前对客户信息的获取对“供应商—客户异象”具有抑制作用。

IPO 公告方面的研究较少，仅有约翰逊等（2010）研究发现企业在首次发布 IPO 公告时，其大客户会有正的市场反应。

盈余公告方面的研究较多，且一致地发现客户盈余公告时供应商企业与客户企业的市场反应显著正相关。奥尔森和迪特里希（Olsen and Dietrich，1985）认为，重要客户的营业收入公告可以为投资者评价企业未来业绩和现金流提供信息，进而影响企业的股价。该研究通过检验客户与企业股价变化间的关系发现客户发布营业收入公告时，企业的市场反应与客户的市场反应显著正相关。潘迪特等（Pandit et al.，2011）采用客户发布季度盈余公告数据得出了相同结论，王雄元和高曦（2017）采用我国上市公司的客户盈余公告数据也得出相同结论。

破产公告方面，赫茨尔等（Hertzel et al.，2008）研究发现在企业破产公告前以及公告时，企业的竞争者和供应链企业会受到传染效应影响，特别是供应商会受到影响，并且当破产企业所在行业传染效应更强时，破产企业的供应商受到的传染效应更强。科莱等（Kolay et al. ，2016）研究表明，客户的财务危机类型会影响客户破产对供应商造成的溢出效应。具体而言，（1）当客户企业仅属于财务约束且很有可能从破产中重生时（purely financially distressed companies），供应商企业受到溢出效应（供应商的市场反应）的影响较小甚至没有；当客户的财务危机出于实质性经营问题且危及可持续经营时（economically distressed firms），供应商企业受到客户破产带来的溢出效应影响较大。（2）溢出效应还会受到其他更换客户成本的影响，如供应商所处行业的竞争度、供应商企业的 R&D 集中度。

CEO 辞职公告方面，印提里等（2017）认为企业 CEO 离职可能导致其余供应商间的合作关系破裂，并对供应商造成负面影响，其研究表明企业 CEO 的离职会导致供应商企业销售收入的损失，客户企业 CEO 的离职公告导致供应商企业负面的市场反应。

并购公告方面，布朗等（Brown et al. ，2009）发现杠杆收购（LBO）公告前后供应商的超额收益率为负，而 LBO 企业的超额收益率为正，说明投资者认为 LBO 对于企业而言是好消息，而对于供应商属于坏消息。

反并购方面，约翰逊等（2014）发现 IPO 企业的反并购措施会对大客户产生正的溢出效应，并且当 IPO 企业有重大客户并进行反并购时，其价值和后续经营业绩更好。

崩盘风险方面，彭旋和王雄元（2018）探讨了客户股价崩盘风险是否会通过密切的供应链关系传染给供应商。研究发现，客户股价崩盘风险对供应商具有传染效应，且这一传染效应主要出现在供应商自身抗风险能力不足时；客户与供应商的关系越重要、越专有、越稳定、越良性，客户股价崩盘风险对供应商的传染效应越强。

（三）分析师的反应

关等（Guan et al. ，2014）研究发现，分析师同时跟踪企业的主要客户会给分析师提供增量信息，有利于提高分析师对企业盈余预测的准确性；同时跟踪供应商和客户的分析师能够更好地在客户盈余公告后调整对供应商的预测。王雄元和彭旋（2016）研究发现，同时跟随客户与企业的分析师（供应链分析师）的预测偏差更低，而且这种关系主要体现在客户稳定组；此外，在同时跟随客户与企业的样本中，稳定客户与分析师预测偏差负相关。罗和拿加拉詹（Nagarajan，2015）对此的研究角度有所不同，该研究以供应商企业作为企业主体进行分析，发现：（1）供应商企业与其主要客户、供应商的主要客户与其他企业间的信息互补性提高了分析师成为供应链分析师的可能性；相反，供应商企业与其同业企业的信息互补性减少了分析师成为供应链分析师的可能性；供应商企业为分析师创造的收益越高，分析师越可能成为供应链分析师。（2）相对于非供应链分析师，供应链分析师的预测更为准确，且乐观偏向较小。（3）对于非供应链公司，供应链分析师的预测比非供应链分析师的预测更不准确，这是由于大部分供应商企业与其客户所在行业并不相同，需要供应链分析师花费更多精力获取其他行业（可能并非这些分析师所专长的行业）的信息，这种资源配置的不平衡可能降低供应链分析师对非供应链企业的预测准确性。这些结果说明分析师会有策略地进行资源配置。

（四）债权人反应

已有研究发现，客户信息具有溢出效应并会影响企业债权人的反应。颂康等（Tsung - Kang et al.，2010）研究发现：（1）企业的债券利率与供应商的信息不对称程度显著正相关（因为当供应商信息不对称时，企业难以获取精确信息以制定自身的存货政策，从而导致存货风险、现金流风险，进而可能导致债务风险），而与客户的信息不对称程度无显著相关关系（因为即使客户信息不对称，企业还是可以从客户的订单信息中获取额外信息以制定自身的决策，因此客户的信息不对称对企业无显著影响；（2）供应商/客户的谈判力可能导致其对企业利润的攫取，从而导致企业的现金流风险和债务风险，研究表明，企业的债券利息与其供应商/客户所在行业的集中度显著正相关，与其供应商的 R&D 集中度显著负相关；（3）供应商的信息不对称程度弱化了供应商行业集中度与企业债券利率间的关系，但不太可能弱化供应商 R&D 集中度与企业债券利率间的关系。龚（Gong）和罗（2014）研究发现，当债权人曾借款给企业的客户时，债权人对其供应链信息的了解会降低其对企业会计信息稳健性的依赖程度。休斯敦等（2016）研究发现，客户发布破产公告后，企业的贷款成本增加。基姆等（2015）研究发现，当企业主要客户的 ROA 较高时，贷款合同中很多条款会更有利于企业；当企业与银行此前即存在债务关系时，企业主要客户业绩对其贷款条款的影响减弱；当企业对其主要客户依赖程度较低时，企业客户业绩对企业贷款条款的影响加强。

（五）审计师反应

已有研究表明，供应链关系会影响企业的审计收费和审计质量。陈等（2014）从审计费用角度探讨供应链信息的溢出效应，其研究表明，当事务所同时审计了企业的主要客户时，事务所对企业的审计收费较低；相对于国家层面，事务所层面获取供应链信息对其审计收费的影响更大。约翰斯通等（Johnstone et al.，2014）研究发现，当审计师具有城市层面的供应链专长时，审计质量更高且审计费用更低；这一关系在企业对客户依赖度较高、收入周期对企业重要时更强。杨清香等（2015）则从审计质量方面探讨了供应链溢出效应，其研究结果表明，与主要客户共享审计师能够显著降低公司财务重述的可能性，尤其是降低与销售相关事项的财务重述。

七、客户信息披露

（一）影响因素

客户信息披露方面的研究较少，可能的原因在于美国要求公司在年报中披露销售占比超过10%的客户名称，这一强制披露要求使得美国上市公司的客户名称披露较为普遍，但仍有一些研究对客户信息披露进行了探讨。埃利斯等（Ellis et al.，2012）研究发现，专有化成本是管理层决定是否披露客户信息的重要影响因素。（1）R&D支出较高、无形资产较多、广告支出较高的企业更可能掩盖客户的名称。（2）大公司和著名事务所审计的公司更不可能掩盖客户名称。（3）竞争者掩盖客户信息的比率越高，企业越可能掩盖其主要客户信息；企业所处行业竞争程度较低时，企业更可能掩盖客户身份。（4）对于销售占比低于10%的客户，企业可自愿披露。研究发现，影响企业披露重要客户信息的因素也会影响其披露非重要客户信息，但影响方向相反，具体而言，对于披露非重要客户存在性的企业，其R&D支出越高、广告支出越高，越不可能掩盖其非重要客户的身份。(5) 专有化成本较高的企业自愿披露的非重要客户比专有化成本低的企业自愿披露的非重要客户规模更大、价值更高，支持了韦雷基亚(Verrechia，1993) 和尼科尔斯 (Nichols，2009) 的“好消息偏见”(good news bias)，即企业更有可能披露那些使其获益的客户。(6) 相比于披露主要客户，大公司及高质量审计师审计的企业更可能掩盖非重要客户的身份；企业需要向市场融资时更不可能掩盖非重要客户的身份。(7) 名称被披露的重要或非重要客户比同行业其他公司规模更大、价值更高、收益更好；相比于其他时间自愿披露的客户，企业在 SEO 前披露了名称的非重要客户价值更高。李等 (2017)、彭旋 (2016)、王雄元和喻长秋 (2014) 利用不同数据和研究方法后也发现专有化成本会影响企业是否披露客户信息。

(二) 经济后果

已有研究发现，市场对于企业披露的客户信息会做出反应。陈等 (2012) 认为信息披露少的企业持有了更多私有信息，因此会产生无法分散的风险，该研究表明企业披露客户信息的程度与其回报率显著负相关；个人投资者倾向于购买客户信息披露多公司的股票，但是机构投资者无该倾向。新希尔等 (Neuhierl et al.，2013) 研究发现，市场除了对企业的财务类新闻产生反应外，也会对客户类新闻做出反应。巴耶尔等 (Bayer et al.，2017) 通过对通信行业 (365 份年报) 和航空业 (146 份年报) 的客户信息进行人工打分，发现对于客户未来信息的披露与两个行业的投资者不确定性负相关，与通信业分析师不确定性负相关，但并未对企业未来现金流产生负面影响。安德烈等 (Andreou et al.，2017) 通过计算市场、客户和竞争类关键词占年报比例衡量企业的导向性，研究发现：(1) 市场导向与客户满意度显著正相关，且主要源于客户导向而非竞争导向；市场导向与市场集中度显著正相关，且主要源于竞争导向而非客户导向。(2) 市场导向、客户导向和竞争导向都与企业当期业绩显著正相关，并且这一关系在竞争激烈的环境中更显著。李丹和王丹 (2016) 研究发现，供应商披露客户身份增加了投资者获取供应商信息的渠道，使股价同步性降低；且当客户为上市公司时，公开的客户渠道信息还能促进行业共享，使供应商的股价同步性高于客户不是上市公司的供应商。这一结果在客户重要性增强、客户分析师数目增多及行业影响力变大时增强，表明上市公司披露客户信息有利于改善我国资本市场信息环境。博纳基等（Bonacchi et al.，2015）设计了一个新的指标用来衡量“客户价值”，发现该指标与公司的股价、未来盈余、分析师预测偏差显著正相关。彭旋和王雄元（2016）以我国2007~2014年A股上市公司为样本，研究发现随着客户明细信息和具体名称披露程度的提高，企业股价崩盘风险显著下降。

分析师也会对企业披露的客户信息做出反应，已有研究发现企业披露的客户信息有利于分析师预测。勒杜等（Ledoux et al.，2014）研究发现，客户价值披露与分析师跟随、分析师预测一致性显著正相关；环境动态性加强了上述关系。这些结果说明客户信息披露吸引了分析师并有利于分析师预测。巴耶尔等（2017）研究发现，对于客户未来信息的披露与通信业分析师不确定性负相关。

八、小结

已有供应链研究主要集中于管理学和营销学领域，如探讨供应商选择标准、供应商与客户关系的建立、供应商与客户如何合作等（见图3-1）。但供应商或客户作为企业的重要利益相关者，越来越受到会计领域的关注，学者们利用年报中披露的供应商采购信息或客户销售信息，探讨了供应商/客户关系、重要性、谈判力、信息披露的影响因素和经济后果，以及溢出效应。但这些研究主要依据年报中披露的供应商采购占比或客户销售占比衡量供应商/客户重要性(或依赖度)，均属于量化的历史信息。尽管一些研究探讨了客户信息披露的影响因素及经济后果，但也是依据年报中当期重要客户的身份信息，亦属于历史信息。这些量化的历史信息能够反映企业过去的供应商或客户状况，但也存在一定的不足，如量化信息反映信息单一，历史信息不一定能预测未来。本书利用年报“未来展望”部分披露的未来风险信息，提取供应商或客户关键词，从定性角度反映企业未来的供应链风险信息，能够弥补已有文献仅从定量角度衡量供应商/客户历史信息的不足。

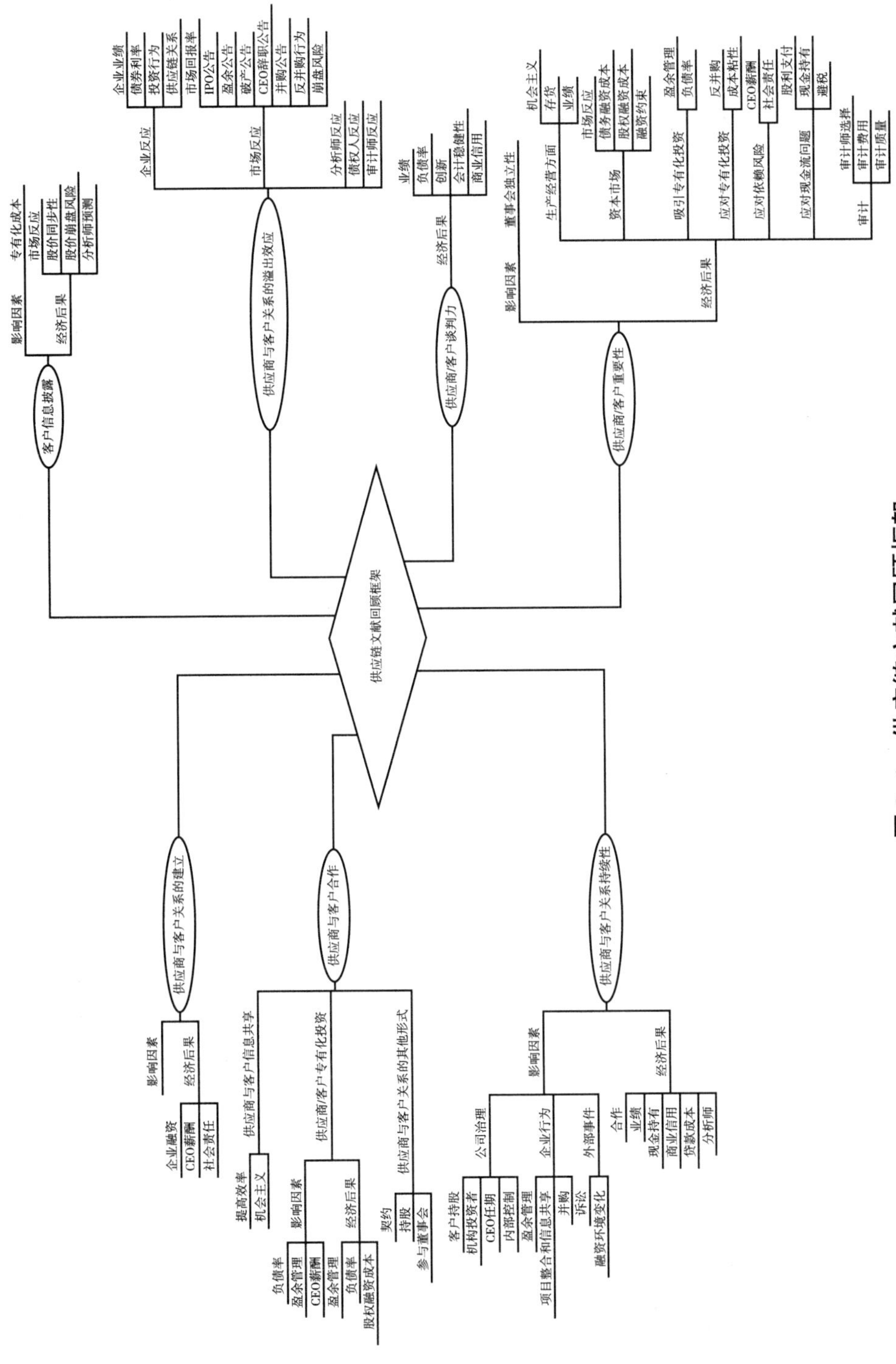

图 3-1　供应链文献回顾框架

第二节　风险信息披露文献回顾

已有研究中对于风险信息的披露主要分为四类：（1）研究企业的风险信息披露是否具有信息含量（Bao，2012；Campbell et al.，2014；Jorgensen and Kirschenheiter，2003；Jorion，2002；Kravet and Muslu，2013；Li，2006；Linsmeier et al.，2002；Liu et al.，2004，Rajgopal，1999；Wong，2000）。这些研究基于不同的研究背景并采用不同的研究方法，但都发现企业的风险信息是具有信息含量的。（2）分析企业风险信息披露的内容（Elmy et al.，1998；Nelson and Pritchard，2016；Pérignon and Smith，2010；Roulstone，1999）。（3）探讨企业风险信息披露的影响因素（Brown et al.，2015；Campbell et al.，2014；Nelson and Rupar，2015）。（4）探讨企业风险信息披露的经济后果。下面从这四个方面对风险信息披露文献进行综述。

一、风险信息披露的信息含量

（一）非文本分析方法

国外最早对于风险信息的披露主要基于美国 *SFAS* 119 和 *FRR No.* 48 规定，这些法规要求企业以表格的形式量化披露金融资产和金融负债受到市场因素（如利率、汇率、商品价格）影响所导致的风险（Jorion，2002；Linsmeier et al.，2002；Liu et al.，2004；Rajgopal，1999；Wong，2000），研究表明企业的风险信息披露具有信息含量。

拉杰戈帕尔（Rajgopal，1999）采用石油和天然气类企业数据，研究了这类企业的量化风险信息及敏感性分析信息披露。研究发现，这些风险信息与企业的“股票回报率—石油天然气价格敏感性”显著相关，并且这些风险披露并不能解释企业的风险敞口。王（2000）研究了汇率敞口和企业对于外汇期权披露间的关系，但由于数据限制，仅有微弱的证据表明二者存在相关关系。

林斯韦尔等（Linsmeier et al.，2002）研究表明，在 *FRR No.* 48 法案的强制要求下，企业披露利率、外汇和能源价格风险敞口后，其股票交易量对于这些市场比率及价格变化的敏感性下降，这种下降说明基于 *FRR No.* 48 规定下的市场风险信息披露为投资者提供了有用信息。

乔里奥（Jorion，2002）、刘等（Liu et al.，2004）研究了 VAR（value at risk）披露的信息含量。乔里奥（2002）根据 1994～2000 年美国 8 家商业银行数据发现银行对于其证券组合的 VAR 披露可以预测其未来交易收益的波动性。刘等（2004）拓展了乔里奥（2002）的研究，他们以 1997～2002 年 17 家银行的 VAR 披露数据为样本，研究表明，VAR 的披露信息能够预测由银行技术复杂性和时间所带来的收益波动性，并且对银行的整体风险（股票回报率波动性）以及价格风险（β 值及实际回报率）具有预测性。

（二）文本分析方法

尽管上述文献表明 *FRR No.* 48 法规和 *SFAS* 119 法规下的量化风险信息披露具有信息含量，但这些研究并未涉及文本类风险信息披露的信息含量。首先，*FRR No.* 48 和 *SFAS* 119 法案都是强制要求企业量化披露市场因素导致的风险敞口。其次，这些法案仅考虑市场风险，其结论难以推广至整体风险信息披露。而文本类风险信息可以包含更多的风险因素，如经营风险和法律风险，而这些风险都是上述文献所未涉及的。文本类风险信息披露的研究可能比上述研究更具有一般性（Kravet and Muslu，2013）。因此，近期文献开始尝试使用文本分析方法来衡量企业的风险信息披露并研究其信息含量（Bao，2012；Campbell et al.，2014；Kravet and Muslu，2013；Li，2006；Moumen et al.，2015）。

在文本分析方面，李（2006）的研究具有开拓性。该研究以美国上市公司年报中关于"风险"和"不确定性"类词汇的数量衡量公司年报的风险披露。其研究表明，企业年报的风险披露增量与未来盈余变化显著负相关；通过构建买入年报中风险披露增加较少的公司、卖出年报中风险披露增加较多的公司的交易策略，可以获取超额收益。这些结果表明企业的风险披露具有信息含量，但是市场上的投资者并未识别该信息。

后续研究采用文本分析方法并使用不同的衡量方式对企业整体风险信息披露的信息含量做了进一步探讨。鲍（Bao，2012）研究发现，美国上市公司年报中风险类别关键词数量与公司事后的风险（股票回报率波动性）显著正相关，说明美国上市公司年报中的风险披露对未来风险具有预测作用，是有信息含量的。克拉维和穆斯洛（Kravet and Muslu，2013）研究发现，美国上市公司年报的风险信息披露增量与年报披露后的股票回报率波动性、股票交易量以及分析师预测分歧度增量显著正相关，说明企业年报的风险信息披露增加了投资者的风险感知度。此外，该研究还发现公司层面的风险信息披露（剔除行业和年度效应）信息含量较低。菲尔曾（Filzen，2015）研究发现，相对于没有披露新的风险因素的公司，披露新的风险因素的公司在季度报告披露日前后的异常收益率更低、未来未预期盈余更低、未来更不可能发生负面的盈余变动。摩门等（Moumen et al.，2015）利用新兴资本市场数据研究发现，自愿披露风险信息有助于市场预测企业未来两年的收益变化，但专有化成本会使投资转而依赖其他信息预测企业未来盈余，从而减弱了风险信息的这种作用。菲尔曾等（2016）发现，对于更新了季度“风险因素”披露的企业，其未来回报率更低；并且企业更新“风险因素”时较少采用与基本面风险相关的语言时，“风险因素”更新与未来回报率间的负相关关系更强。

另一些研究通过文本分析对企业风险进行分类，并探讨了不同类别风险披露的信息含量。坎贝尔等（2014）将企业风险区分为系统性风险和异质性风险，其研究发现美国上市公司年报中“风险因素”部分的信息披露能够反映企业过去的系统性风险和异质性风险，也能预测企业未来的系统性风险和异质性风险，减少信息不对称，但带来负面的市场反应。鲍和达塔（Bao and Datta，2014）通过LDA模型和机器学习提取企业的风险信息披露并对其进行主题分类，最终得到30个风险类别并探讨其对投资者感知度（股票回报率的波动性）的影响。其研究发现，22个风险类别对于年报披露后投资者的风险感知度无显著影响；宏观风险、资金风险和信用风险与年报披露后投资者的风险感知度显著正相关；人力资源风险、法规变化/投资者利益风险、基础设施风险与年报披露后投资者的风险感知度显著负相关。这些结果说明企业对于非系统性风险的披露能够降低年报披露后投资者的风险感知度，可能的解释是法律风险（如法规变化风险）和企业特质风险（如人力资源风险和基础设施风险）能够促进公开信息，进而减少投资者间的信息差异。伊瑟林（Israelsen，2014）研究发现，信贷市场与融资约束方面的风险披露能揭示 Fama – French 因素的变动，低迷期小公司以及价值型公司面临更大的风险。

此外，霍普等（Hope et al.，2016）从风险披露特征角度探讨了风险信息披露的信息含量。该研究通过机器学习构建了一个新的指标——“异质性”以衡量企业在“风险因素”部分披露的异质性。研究表明，企业的专有化成本越高，其风险披露的“异质性”越低；风险信息披露的“异质性”越高，市场反应越积极；当企业披露的风险信息“异质性”较高时，分析师能够更好地预测企业的基本面风险。这些结果表明企业披露的风险信息越特殊，对投资者就越有用。

（三）分析式研究方法

通过分析式研究方法探讨风险披露信息含量的研究较少，仅有乔根森和基尔申尔特（Jorgensen and Kirschenheiter，2003）通过模型研究发现管理层对其企业的自愿性风险信息披露不会影响其他企业的股价，但是会影响其他企业的 β 系数；相对于没有披露风险信息的企业，披露了风险信息的企业事后风险溢价和 β 系数更低；相对于自愿披露，强制要求企业披露风险信息会提高企业的期望风险溢价和期望 β 系数。

二、风险信息披露内容

已有文献中有 4 篇探讨了风险信息披露的具体内容。

艾尔米等（Elmy et al.，1998）研究了 *FRR No.* 48 规定下 34 家企业的风险信息披露。这些企业是该法规下第一批披露风险信息的企业。研究发现，这些企业遗漏了很多 *FRR No.* 48 要求披露的项目。

鲁尔斯通（Roulstone，1999）研究了 *FRR No.* 48 法规背景下第二批披露风险信息的企业。该研究表明大部分企业从定性和定量角度披露了市场风险信息，但是只有一半的企业披露了其风险模型和披露的细节及局限性。并且，企业在披露格式上更多的是采用复杂而隐晦的方式。

佩里尼翁和史密斯（Pérignon and Smith，2010）以1996~2005年数据为样本，研究发现VAR模型的定量披露具有上升趋势，但是定性方面的披露并未随时间得到改善。此外，历史模拟是目前VAR模型中最受欢迎的方式，但是对外来回报率波动性的预测较差。

米拉库尔（Mirakur，2011）以122家上市公司年报为样本并将其风险披露划分为29个类别。其研究表明部分风险类别的披露具有普遍性，如与政府相关的风险和竞争风险。

黄和李（2011）采用ML－CKNN方法自动识别并区分出年报中“风险因素”部分的25个主题类别，如财务风险、资金风险、并购风险、法规变更风险等。其研究认为该方法比ML－KNN方法更佳，对于未来财会领域的风险信息披露研究具有借鉴作用。

三、风险信息披露的影响因素

尽管美国证券交易委员会CSEC要求企业在年报中披露风险信息，但企业在披露的具体内容上是有选择余地的。一些文章探讨了企业风险信息披露的影响因素，并发现企业实际风险、企业面临的法律风险以及公司治理会影响企业对风险的披露（Beatty et al.，2015；Brown et al.，2015；Campbell et al.，2014；Dyer et al.，2017；Heinle and Smith，2017；Mirakur，2011；Nelson and Rupar，2015）。

首先，企业的实际风险越高，企业更可能进行风险披露。坎贝尔等（2014）研究发现，企业面临的风险越高，其在年报“风险因素”部分披露的风险信息越多，并且企业面临的风险类别决定了其披露的风险类别，说明管理层披露的风险信息反映其实际面临的风险。海因勒（Heinle）和史密斯（2017）通过模型研究也发现当企业察觉其风险较高时会披露更多的风险信息。贝蒂亚等（Beatty et al.，2015）研究发现，企业的融资约束风险披露与预期的融资约束水平显著正相关。此外，该研究还发现金融危机前企业的融资约束风险披露与事后的实际融资约束水平显著正相关，但金融危机发生时和发生后二者无显著相关关系。

其次，企业面临的法律风险大小会影响其风险披露行为。布朗等（2015）研究发现，当 SEC 对企业所处行业的领导者、企业的主要竞争者或同行业的多家企业发出问询函时，企业会更新下一年的风险披露；当 SEC 向企业所处行业的领导者发出问询函时，未收到问询函的企业在下一年度会提供更多与企业自身相关的特质性风险披露，并且这一行为会减少企业收到 SEC 问询函的可能性。贝亚蒂等（2015）研究发现，企业在收到 SEC 问询函后会增加其融资约束风险披露，这些披露与事后的实际融资约束水平相关性较小。纳尔逊和普里查德（Nelson and Pritchard，2016）研究发现，相比法律风险较低的企业，法律风险高的企业会披露更多风险信息、更新更多内容并采用可读性更高的语言。这一现象在风险信息披露为自愿披露阶段时更明显，在 SEC 强制要求披露风险信息后被弱化。当风险信息披露为自愿披露时，高法律风险企业的风险信息披露更具信息含量。黛尔等（Dyer et al.，2017）研究发现。财务会计准则委员会（FASB）和 SEC 新规能够解释企业风险信息披露在 1996～2003 年的增长趋势。姚颐和赵梅（2016）通过人工阅读方式度量我国上市公司发行新股时《招股说明书》中风险因素的披露，该研究发现从公司披露意愿来看，未来业绩差的公司较业绩好的公司有更强的披露意愿，这并不是因为业绩差的公司更为诚实或是更为聪明，而是为了规避未来业绩下降所带来的行政处罚。

再次，企业的公司治理也会影响其风险披露行为。贝利和菲尔曾（Bailey and Filzen，2016）研究发现，企业风险管理人员的专业性与其风险信息披露水平显著正相关，并且当企业的首席风险官专业水平较高时，市场上对该企业较长的风险信息披露内容反应不强。黎文靖等（2013）选取我国 9 个劳动密集型行业，研究发现业绩较差、董事长和总经理两职分离的民营上市公司管理层更愿意主动披露劳动力成本上涨风险信息，表明民营企业管理层可能通过自愿披露劳动力成本上涨风险信息来“解释”较差的业绩以满足考核要求。

最后，行业因素对企业风险披露影响的研究结论并不一致。米拉库尔（Mirakur，2011）以 122 家上市公司年报为样本并将其风险披露划分为 29 个类别。其研究表明，企业所处的行业并不能很好的解释企业的风险披露行为。伊瑟林（Israelsen，2014）通过 LDA 方法从企业年报的“风险因素”部分提取了 30 个风险类别，其研究表明特定类别的风险披露会集中于一些特定的行业中，说明风险披露可能受到行业影响，这与米尔库尔（2011）的研究结论并不一致。

四、风险信息披露的经济后果

已有研究对于风险信息披露的经济后果主要从四个角度出发：（1）企业的风险信息披露是否能预示企业未来财务业绩；（2）企业风险披露的市场反应；（3）企业风险披露对资本成本的影响；（4）企业风险披露对分析师行为的影响。

已有研究对于企业的风险信息披露是否能预示企业未来财务业绩进行了探讨，但研究结论并不一致。米尔库尔（2011）研究发现，企业的风险披露并不能对企业的财务业绩（负债率、资本结构、现金、并购）等起到预示作用；但坎贝尔等（2016）从税收风险披露这一特定类别出发，研究发现企业的税收风险披露与未来现金流显著正相关；巴拉克里希南和巴托夫（Balakrishnan and Bartov，2010）研究表明，企业未来盈余与IPO招股说明书中“风险因素”部分的信息披露显著正相关，并且该部分风险信息披露能够解释IPO后的股价“变脸”。

已有研究对于企业风险披露的市场反应探讨较多。一些研究探讨了风险披露对IPO抑价的影响。例如，阿诺等（Arnold et al.，2010）利用企业IPO数据，采用“风险因素”部分字数占比衡量招股说明书信息的不确定性程度，研究发现风险信息披露与企业的事后风险显著正相关，与IPO抑价显著正相关，与长期回报率显著负相关。但国内姚颐和赵梅（2016）得到了不同结果，该研究通过人工阅读我国上市公司《招股说明书》并度量风险披露，发现公司所披露的总风险越多、财务风险和经营风险越多，IPO抑价越低、流动性越强；并且从市场反应来看，坦诚披露作为一种稀缺资源会收获更多的市场奖励，即公司的新股发行效率提高。一些研究探讨了年报中风险披露对市场股价的影响，比如坎贝尔等（2016）研究发现企业在年报中披露“风险因素”时，投资者并未将其完全地反映在股价上，而是反映在下一年披露时的股价中。国内王雄元和高曦（2017）发现投资者对增加披露的风险信息具有正向市场反应。此外，还有一些探讨了特定类别的风险披露或者风险披露的特征对市场的影响。例如，蔡等

(Cai et al., 2017) 通过实验检验了采矿企业分部的水资源风险报告对投资者盈余预测的影响。其研究表明，当企业及其分部报告表示水资源获取存在较高风险时，投资者会降低对企业的盈余预测值；此外，无论企业层面报告是否显示较高的水资源获取风险，当分部报告中表明一家分部水资源获取风险较低、另一家分部水资源获取风险较高时，投资者会降低其对企业的盈余预测，这说明投资者意识到自然资源风险集中于一个分部比分散于多个分部时对盈余的影响更大。黎文靖等（2013）研究发现，管理层自愿披露劳动力成本上涨风险信息会降低公司市场价值。汉利和霍伯格（Hanley and Hoberg，2010）发现只有“风险因素”部分的语调和 IPO 定价存在显著正相关关系，这是因为该部分主要讨论风险，当语调为积极时则会释放强烈的信号。

资本成本方面，国内外研究通过不同研究方法和研究数据均发现风险披露能够降低企业的资本成本。海因勒和史密斯（2015）通过模型研究发现企业的风险信息披露会减少其融资成本。邱等（Chiu et al., 2017）研究了美国上市公司年报中“风险因素”部分信息披露对于 CDS（信用违约互换）费用的影响。其研究表明，美国上市公司年报或季报中“风险因素”部分对于风险信息的披露减少了信用违约互换费用，说明该部分风险信息披露降低了企业与投资者间的信息不对称程度，进而降低了信用违约互换费用中的信息风险成本；进一步研究表明，财务风险和异质性风险信息披露对信用违约互换投资者的影响更大；此外，该研究还表明风险信息披露对于评估信息不确定或不对称严重公司的未来状况更有用。王雄元和高曦（2017）基于 2007~2014 年中国 A 股上市公司的研究发现，年报风险披露越多，公司权益资本成本及债券融资成本越低。

最后，已有研究还探讨了风险披露对分析师行为的影响。巴拉克里希南和巴托夫（2010）探讨了美国上市公司 IPO 招股说明书中“风险因素”部分的信息披露与分析师预测间的关系。其研究表明，尽管企业未来盈余与“风险因素”部分的信息披露显著正相关，但是分析师对未来盈余的预测与该部分信息披露无显著相关关系；“风险因素”部分的信息披露能够预测分析师预测误差，且会受到分析师经验的影响，但不会受到分析师关系的影响。王雄元等（2017）认为，年报风险信息披露既可能提高信息质量而对分析师预测行为产生积极影响，又可能因增加分析师的风险感知而对分析师预测行为产生消极影响。该研究基于公司层面的证据表明，风险信息披露频率越高，分析师预测准确度越高，而且这种积极影响主要体现在非国有企业、盈余质量较高及公司治理较好组；基于分析师层面的证据表明，风险信息披露频率越高，分析师预测准确度越高，且这种积极影响主要体现在“非明星”、行业专长较低、对公司追踪时间较少的分析师中。

五、小结

已有研究对于风险信息披露的探讨主要包括四个方面：（1）风险信息披露的信息含量，对此，学者们通过分析式研究和实证研究（包括文本分析和非文本分析）均发现企业的风险信息披露具有信息含量；（2）企业对于风险信息披露内容方面的特征分析，这部分研究主要为描述性探究，探讨的学者较少；（3）风险信息披露的影响因素，这部分研究主要发现企业的实际风险、企业面临的法律风险、公司治理以及行业都可能影响企业的风险披露行为；（4）风险信息披露的经济后果，主要探讨了企业的风险披露是否能预示未来财务业绩以及是否会影响市场投资者反应、资本成本以及分析师行为（见图3-2）。从研究趋势来看，风险信息披露方面的研究日益增多；从研究内容来看，目前对于该领域的探讨尚存在较大空间，例如，除了企业特征和行业特征外，是否有其他因素影响企业的风险信息披露行为？风险信息披露除了对资本市场和分析师具有影响外，是否对其他利益相关者（如供应商/客户、其他关联企业、审计等）产生影响？特定类别的风险披露的影响因素及经济后果是否有所不同？本书立足于供应链风险信息披露这一特定类别的风险披露，对于已有风险披露研究具有创新性；同时，本书从企业特征、产品市场特征、行业特征、时间趋势上探讨了供应链风险信息披露的影响因素，对于已有风险披露影响因素研究具有补充作用；此外，本书还探讨了供应链风险信息披露对未来ROA（经营现金流）及其波动性的预示作用、企业的应对措施以及分析师跟随行为的影响，对于已有风险披露经济后果的研究具有一定的创新性和补充作用。

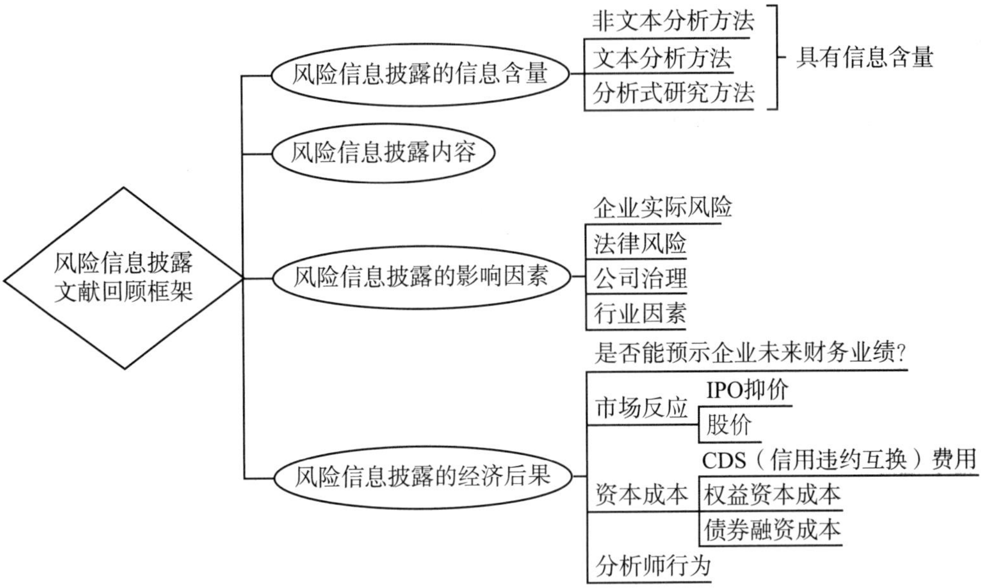

图 3-2　风险信息披露文献回顾框架

第三节　分析师跟随文献回顾

分析师是否跟随一家企业是由分析师供给和市场对分析师的需求两方面共同决定的（Bhushan，1989）。

从分析师供给角度看，分析师是否选择跟随一家企业需要在其收益和成本间权衡。一方面，分析师收益主要由分析师预测带来的交易决定，这部分收益越大，分析师越可能选择跟随一家企业。另一方面，分析师跟随一家企业并做出预测需要付出一定的成本，包括信息的获取和分析成本，这部分成本越高，分析师越不可能跟随一家企业。

从市场对分析师的需求角度看，市场是否需要分析师由投资者的收益和成本决定。一方面，投资者利用分析师预测信息可获取的收益越多，其对分析师的需求越大。另一方面，投资者自身获取和分析企业信息的成本越高，其对分析师的需求越大。

一、分析师职能与分析师跟随

已有研究主要从分析师的信息职能和监督职能出发，结合分析师的供给和需求角度探讨了分析师跟随的影响因素。

首先，分析师的首要职能在于获取、分析企业信息并提供分析师报告，促进证券市场的信息有效性，即“信息职能”（Moyer et al.，1989）。分析师需要相关信息以做出迅速而准确的盈余预测，而企业的信息披露是分析师信息来源的重要组成部分（Ledoux et al.，2014）。已有研究发现企业的信息披露内容会影响分析师供给成本和分析师需求成本，进而影响分析师跟随。朗和伦德霍尔姆（Lang and Lundholm，1996）认为从供给角度看，企业信息披露越多，分析师可以利用的信息越多，信息获取成本越低，分析师供给可能提高。从需求角度来看，企业增量信息披露对分析师需求的影响取决于分析师的角色，如果分析师仅作为信息中介，那么企业信息披露的越多，市场需要分析师进行分析的信息越多，分析师需求增加；但如果分析师属于信息提供者，那么企业其实是分析师的竞争者，企业的信息披露可能成为分析师报告的替代品，导致企业信息披露越多，市场对分析师的需求越小。最终，朗和伦德霍尔姆（1996）通过实证研究发现分析师会利用企业披露的信息，如年报、季报等，并且企业披露的有用信息越多，分析师跟随越多。

后续研究表明企业的其他信息披露，包括季度分部报告（Botosan and Harris，2000）、无形资产披露（Barth et al.，2001）、GAAP 法规的不同（Kee－Hong et al.，2008）、非财务信息（Orens et al.，2010）、R&D 信息（徐欣和唐清泉，2010）、投资者关系管理（Bushee and Miller，2012；Kirk and Vincent，2014）、业绩预告形式（王玉涛等，2012）、供应链信息（Bonacchi et al.，2015；Guan et al.，2014；Ledoux et al.，2014；Luo and Nagarajan，2015）、社会责任报告（王艳艳等，2014）都会影响分析师跟随。具体而言，博图松和哈利斯（Botosan and Harris，2000）研究发现，企业发布季度分部报告能够吸引分析师跟随。巴特等（Barth et al.，2001）认为，由于大部分无形资产并未在财务报告中披露，企业无形资产越多，企业与投资者之间的信息不对称情况越多，投资者对这类企业的信息需求越多，对分析师的需求也越多，其研究表明企业无形资产越多，分析师跟随越多。基宏等（Kee – Hong et al. , 2008）通过跨国研究发现不通国家间一般公认会计原则（GAAP）的不同导致外国分析师的跟随数量更少且预测准确度更低，说明 GAAP 的不同增加了分析师的信息成本。奥伦斯等（Orens et al. , 2010）研究发现，公司网站披露的非财务信息（包括公司治理、客户价值信息、人力资本、生产效率、研发、社会责任）能够吸引更多分析师跟随。徐欣和唐清泉（2010）研究表明，我国的财务分析师会跟踪企业 R&D 活动，并且对 R&D 活动具备相当的分析甄别能力。布什和米勒（Bushee and Miller，2012）发现投资者关系管理项目能够吸引分析师跟随。柯克和文森特（Kirk and Vincent，2014）也发现内部设有投资者关系管理部门的公司会增加信息披露，并且分析师跟踪较多。王艳艳等（2014）研究结果表明披露社会责任报告的企业有较多的分析师跟踪，但对分析师的吸引主要来自自愿性披露的企业。

具体到供应链信息对分析师跟随的影响方面，关等（2014）研究发现分析师同时跟踪企业的主要客户会给分析师提供增量信息，有利于提高分析师对企业盈余预测的准确性，同时跟踪供应商和客户的分析师能够更好地在客户盈余公告后调整对供应商的预测。勒杜等（2014）研究结果表明客户价值披露与分析师跟随显著正相关。博纳基等（2015）根据企业的自愿信息披露内容设计了一个新的指标用来衡量“客户价值”，发现该指标与公司的股价、未来盈余、分析师预测偏差显著正相关。罗和拿加拉詹（2015）以供应商企业作为企业主体进行分析，研究发现：供应商企业与其主要客户的信息互补性（客户销售占比变量）、供应商的主要客户与其他企业间的信息互补性提高了分析师成为供应链分析师的可能性；相反，供应商企业与其同业企业的信息互补性减少了分析师成为供应链分析师的可能性；供应商企业为分析师创造的收益越高，分析师越可能成为供应链分析师。

除了信息本身，企业信息披露的特征也会影响分析师跟随，如信息的可读性和信息披露的定性与定量间的选择。勒哈维等（Lehavy et al. , 2011）认为，财务报告可读性较差可能会增加该部分信息的获取成本，从而增加市场对分析师的需求。如果市场上获取分析师报告的成本低于投资者获取企业信息披露的成本，那么当财务报告可读性较差时，分析师跟随会越多。但是，财务报告可读性较差也会增加分析师对该部分信息的分析成本及对私有信息的获取成本，并导致分析师预测准确性的降低。这种情况下，若公司财务报告可读性较差，分析师跟随人数可能更少。勒哈维等（2011）的研究支持了前一种假设，发现财务报告可读性越低，分析师跟随越多。王玉涛等（2012）研究发现相对于定性业绩预告，发布定量业绩预告的公司以及闭区间宽度较小的公司其跟踪的分析师数量较多，说明分析师倾向于跟踪定量信息以及不确定性较小的信息。

同时，分析师对于企业还存在监督职能（Jensen and Meckling，1976），从这一角度出发，已有研究发现市场对分析师的监督需求会影响分析师跟随。从供给角度看，企业的其他监督机制越弱，企业的信息披露质量可能越差，分析师对企业信息的分析成本提高，导致分析师供给减少，即使分析师可以正确识别企业价值，外部投资者也可能难以利用分析师预测获取收益，因为收益可能被内部人交易攫取；从需求角度看，企业的其他监督机制越弱，可能越需要来自分析师的监督，导致分析师需求提高（Lang et al.，2004）。莫郁等（Moyer et al.，1989）利用美国标准·普尔500上市公司数据，检验了管理层持股（包括高管和董事会成员）与分析师跟随之间的关系。该研究认为管理层持股能够使管理层与股东利益一致，导致外部监督需求降低，因而分析师跟随数量减少，实证结果证明了这一点。郎等（2004）通过跨国研究发现对于具有隐藏或操纵信息动机的企业（如当控制权主要掌握在家族成员或管理层手中时），分析师跟随较少，并且这一关系在投资者保护较弱的国家中更强。林小驰等（2007）发现，分析师倾向于预测经营质量好且风险较小的公司以及公司治理较好的公司。此外，内部交易对于外部人具有私有信息挤出效应，也会影响分析师跟随。内部人可能利用信息，导致外部投资者利用分析师预测信息的收益变小，导致分析师供给和需求减少。布什曼等（2005）利用1987～2000年100个国家数据，通过跨国研究发现在限制内部交易法律颁布后，分析师跟踪增加，这种现象在新兴市场国家显著存在，但是在开放资本市场的样本中，这类现象出现较少。

二、分析师特征与分析师跟随

分析师特征会影响分析师跟随。奥布莱恩和布尚（O'brien and Bhushan，

1990）研究发现，在分析师竞争激励程度较小时，分析师跟随越多，这主要是由于分析师竞争激烈程度越小，分析师的信息获取和分析成本越低。勒哈维和谭（Lehavy and Tan，2015）通过手工搜集分析师地理位置，研究发现分析师更可能跟随当地企业，这是由于分析师与企业的地理位置越近，其信息获取和分析成本越小，分析师供给可能性越高。

此外，一些研究从行为金融角度研究发现分析师具有乐观偏好，且会影响分析师跟随行为。拉詹和瑟韦斯（Rajan and Servaes，1997）认为分析师具有过度乐观偏好，IPO 抑价是企业吸引分析师跟随的一种方式。其研究发现，IPO 抑价越高的企业，分析师跟随数量越多。丘心颖等（2016）借助汉字环境下的年报复杂性/可读性指标，研究表明年报复杂性与分析师跟进度存在显著正相关关系；并且利用中国公平信息披露法规变革的“自然实验”发现分析师跟进年报复杂性高的公司主要源于其过度自信。

三、企业特征与分析师跟随

企业作为分析师预测的主体，其特征会影响分析师的跟随动机和行为。已有研究主要从企业的股价或回报率、企业的经营特征、所有权结构和管理层特征探讨了企业特征对分析师跟随的影响。

首先，企业的股价或股票回报率会影响投资者收益，进而影响分析师供给和需求。布尚（1989）研究发现股票回报率波动性较高时，分析师跟随较多，但奥布莱恩和布尚（1990）得出了相反的结论。此外，布尚（1989）发现企业回报率与市场回报率的关系与分析师跟随显著正相关。迈克尔和帕特里夏（Michael and Patricia，1991）发现公司股价越低，券商将来从投资者处获取的收入越高，分析师跟随越多。

企业的经营特征也会影响分析师跟随。布尚（1989）研究发现企业规模越大，分析师跟随越少；产品线越多，分析师跟随越少。奥布莱恩和布尚（1990）研究发现在受监管类行业、企业数量增加的行业（分析师信息获取成本较低），分析师跟随较多。蔡卫星和曾诚（2010）研究发现，公司的多元化水平越高，证券分析师对其关注度越低，原因在于随着公司多元化水平的提高，证券分析师获取公司信息所需付出的成本也相应提高，而信息成本的提高往往会驱使证券分析师放弃关注这样的公司；进一步的研究发现，相关多元化的公司相对于非相关多元化的公司更受证券分析师的青睐，其原因在于相关多元化的公司由于公司业务之间具有相关性，证券分析师获取的信息和应用的技术都具有共通性，这会减少证券分析师的成本。张（2018）从供给和需求两个方面探讨了产品市场竞争性对分析师跟随的影响。从供给角度，该研究认为市场竞争充当了外部监管，有利于降低分析师对企业的监督成本，从而提高分析师的预测供给；从需求角度，市场竞争增加了企业经营或业绩的不确定性，因此会增加分析师预测的需求，从而导致分析师跟随数量的增加。张的研究发现市场竞争程度越高，分析师跟随数量越多。

所有权结构会影响分析师跟随。布尚（1989）、布恩和怀特（Boone and White，2015）认为分析师既是信息获取者，也是信息制造者，机构投资者持股比例越高，对分析师需求越高；另外，机构投资者持股比例越高，企业的信息披露水平越高，从而降低了分析师的信息获取成本。这些研究发现机构投资者持股比例越高，分析师跟随数量越多。窦欢和王会娟（2015）研究发现私募股权投资能够增加分析师跟随。布尚（1989）研究发现企业内部人持股比例与分析师跟随显著负相关。

最后，企业的管理层特征也会影响分析师跟随，但这方面的研究较少，仅有姜付秀等（2016）研究发现当董事会秘书具有财务背景时，企业的盈余信息含量更高，导致分析师跟随数量更多。

第四章
供应链风险信息披露影响因素

第一节 引 言

2007年,《公开发行证券的公司信息披露内容与格式准则第2号——年度报告的内容与格式》开始要求企业在年报“管理层讨论与分析”中“未来展望”部分披露可能存在的风险。2012年的修改稿则明确指出企业应该披露可能存在的“原材料价格及供应风险、单一客户依赖风险”,说明监管者日益重视企业对于供应链类风险信息的披露。从合规性角度考虑,企业应当披露可能存在的供应链风险,但是披露本身还可能带来其他成本,企业会在披露的成本与收益间权衡,进而选择是否披露该部分信息以及披露多少。

从收益方面来看,企业披露供应链风险信息能够降低未来的法律成本;能够降低与投资者间的信息不对称,可能向投资者传递较好的信号;并且由于披露的是风险信息,相对负面,可能起到抑制外来者进入该产品市场的作用。从成本方面来看,供应链风险信息由于涉及供应链这一重要经营信息,可能为竞争者提供信息而不利于企业自身的生产经营;同时,由于该部分信息属于风险类信息,市场可能将其解读为“坏消息”,不利于市场反应。以上成本与收益决定了企业是否披露以及披露多少供应链风险信息,而企业特征和外部环境特征可能对供应链风险信息披露的收益与成本产生影响。基于此,本章从这两个维度探讨了其对企业供应链风险信息披露的影响。

本章选取2007~2016年中国A股上市公司数据,通过Python软件提取年报“管理层讨论与分析”中“未来展望”部分,以供应链类关键词所占比例衡量企业未来供应链风险信息披露,进而探讨其影响因素。首先,本书从企业特征角度检验了企业未来供应链风险信息披露的影响因素。研究表明,年报披露前企业的系统性风险越高,其供应链风险信息披露越多,说明企业法律成本越高时,披露的供应链风险信息越多;企业当期发生损失、ROA越低时,披露的供应链风险信息越少,说明负面信息成本较高时,企业越可能隐藏供应链风险信息;国有企业披露的供应商风险信息较少;企业R&D水平越高、竞争程度越激烈时，披露的供应链风险信息越多，说明当专有化成本较高、竞争压力较大时，企业更可能披露供应链方面的负面信息，以减少外来者的进入和竞争压力；管理层持股比例越高，供应链风险信息披露越多，说明当管理层与股东利益趋于一致时，更可能披露供应链风险；企业存在 SEO 动机时，其供应链风险信息披露水平越高，说明企业所受外部监督越严格，法律成本越高时，越可能披露该部分信息。其次，本书从外部环境角度探讨了其对企业供应链风险信息披露的影响。研究发现，当企业所在省份处于东部地区时，国内生产总值（GDP）越高其供应链风险信息披露水平越高，说明企业所处法律环境越完善、投资者保护意识越强，企业越可能披露该部分信息。最后，本书从时间趋势角度考虑企业的供应链风险信息披露变化。研究表明，2007～2016 年，企业的供应链风险信息披露呈现显著的增长趋势，说明供应链已成为企业经营中越来越重要的一环，也说明企业对于该方面风险的关注度日益提高。

本章主要贡献可能包括以下方面：（1）已有的风险披露研究主要从企业实际风险、法律风险、公司治理以及行业角度探讨了其对企业风险披露的影响。本章研究结果表明，除了这些因素以外，企业业绩、产权性质、产品市场特征、管理层动机、融资动机均对企业的供应链风险信息披露产生影响。并且，本章研究表明企业的供应链风险信息披露随时间变化具有增长趋势。本章的横截面因素和时间趋势因素探讨对已有风险披露的影响因素研究具有补充作用。（2）已有文献主要从总体风险角度探讨了风险披露的影响因素，本章从供应链风险这一特定风险类别出发，结合供应链特征进行探讨，进一步细化了风险披露研究，也有利于加强本书对供应链研究的理解。（3）从供应链研究角度来看，已有研究对于供应链信息披露的影响因素探讨较少，仅有埃利斯等（2012）及王雄元和喻长秋（2014）探讨了专有化成本对客户身份信息披露及客户各自销售占比披露的影响。这些研究主要针对企业重要客户历史信息的披露，本章则从多个维度探讨了企业对供应商或客户未来风险的定性信息披露，研究视角不同，研究范围更广，对于已有的供应链信息披露影响因素研究具有一定的补充作用。

第二节　理论和假设

尽管我国法律规定企业需要在年报中披露可能存在的风险，包括供应链风险，但从企业角度来看，企业是否选择披露供应链风险信息需要在披露的成本与收益间权衡。一方面，供应链风险信息披露的收益在于：（1）可能减少企业与投资者间的信息不对称。信息披露是减少企业管理层与投资者间信息不对称的重要途径之一，信息不对称程度越高，企业面临的融资成本越高，在不考虑其他情况下，管理层会披露所有私有信息（Ellis et al.，2012；Grossman，1981；Milgrom，1981）。企业对于供应链风险信息的披露有利于投资者对企业未来收入及现金流稳定性做出预测，从而减少与投资者间的信息不对称。（2）由于供应链风险信息具有“供应链”和“风险信息”双重属性，可能向市场传达企业及行业的不确定性，进而降低外来者的进入，有利于企业的生存和发展。（3）减少未来法律成本。2007 年，《公开发行证券的公司信息披露内容与格式准则第 2 号——年度报告的内容与格式》首次要求“公司应当遵循重要性原则披露可能对公司未来发展战略和经营目标的实现产生不利影响的所有风险因素（包括宏观政策风险、市场或业务经营风险、财务风险、技术风险等），公司应当针对自身特点进行风险揭示，披露的内容应当充分、准确、具体”。2012 年修订稿指出：重大风险因素“包括政策性风险、行业风险、业务模式风险、经营风险、环保风险、汇率风险、利率风险、技术风险、产品价格风险、原材料价格及供应风险、财务风险、单一客户依赖风险、核心技术人员变动风险等”。企业可能出于合规性及减少未来法律成本考虑而进行供应链风险信息披露。

另一方面，供应链风险信息的披露也存在一定的成本：（1）供应链风险信息可能为企业的竞争者提供更多供应链方面的信息，有利于竞争者的决策，但不利于企业自身的经营。例如，当企业披露客户依赖或不稳定风险时，竞争者可能更有动机争抢客户，也可能有利于竞争者估测企业的产量。对于企业而言，竞争对手获取的信息越多，对企业越不利（Arya and Mittendorf，2007）。（2）供应链风险信息由于具有“风险信息”属性，市场可能将该信息解读为负面信息，会提高投资者的风险感知度、影响企业的市场表现并增加企业的融资成本（Bao，2012；Bao and Datta，2014；Campbell et al.，2014；Filzen，2015；Filzen et al.，2016；Heinle and Smith，2015；Hope et al.，2016；Kravet and Muslu，2013；Moumen et al.，2015；王雄元和高曦，2017）

企业需要在上述成本与收益间权衡，而企业的特征、外部环境因素以及时间因素可能对上述成本与收益产生影响。

一、企业特征

（一）企业历史性风险

企业历史性风险可能影响管理层披露供应链风险的动机。一方面，当企业历史性风险较高时，其更可能受到来自市场及监管者的关注及监督，管理层隐藏企业供应链风险的操作成本增加，被发现的可能性较高。因此，在这一情况下，管理层更可能披露可能存在的供应链风险。另一方面，当企业历史性风险较高时，可能意味着其当前或日后被诉的可能性增加。管理层如果未在“未来展望”部分披露可能存在的供应链风险，投资者或律师很可能将其作为管理层失职证据，导致管理层面临较高的法律成本、经济损失或职业损失。因此，从隐藏坏消息的操作成本和未来法律成本角度来看，当企业历史性风险较高时，管理层更有动机披露供应链风险信息。为此，我们提出假设1：

H1：企业供应链风险披露与企业历史性风险显著正相关。

（二）企业业绩

企业业绩可能影响其进行供应链风险信息披露的法律成本和坏消息成本。一方面，企业业绩越好时，供应链方面的风险可能越低，应对供应链风险的能力可能越强。即使存在供应链风险而未披露，企业业绩越好，其未来发生损失的可能性越低，未来的法律成本可能越低，因此业绩较好企业披露供应链风险的动机可能较小。另一方面，当企业业绩越差，甚至发生损失时，更可能引起投资者的关注与不满，如有供应链风险而未披露，未来的法律成本可能更高。为了预防未来的法律成本，业绩较差或亏损企业也更可能披露供应链风险信息。

但是，从负面消息的成本来看，企业业绩越差，甚至亏损时，坏消息对其冲击力将越大，企业有动机隐藏其他坏消息。同时，相对于定量信息，定性信息的隐藏更为容易，操作成本更低，因此，对于供应链风险信息这一定性的坏消息，业绩较差或亏损企业可能选择少披露或不披露。为此，我们提出对立假设：

H2a：企业供应链风险披露与企业业绩显著正相关；

H2b：企业供应链风险披露与企业业绩显著负相关。

（三）产权性质

企业的产权性质可能影响其供应链风险及该类风险信息的披露。首先，国有企业由于有政府的扶持，抗风险能力较强、破产风险较低。即使存在供应链风险而未披露，未来的法律成本也较低。其次，国有企业通过自愿信息披露以减少与投资者间的信息不对称，并减少融资成本的动机较小（张然和张鹏，2011）。对于供应链风险信息这种自愿性非财务信息披露，国有企业的披露动机可能较低。最后，由于国有企业风险较低，即使披露了风险信息，投资者的风险感知度可能并不受影响，因此供应链类风险信息对企业可能并无增量信息作用，导致国有企业披露该类信息的动力减少。总体看来，国有企业披露的供应链风险较其他类型的企业可能更少。为此，我们提出假设3：

H3：企业供应链风险披露与国有产权性质显著负相关。

（四）产品市场

从产品市场角度看，企业的专有化成本和面临的竞争程度可能影响企业的供应链信息披露。

已有研究认为当企业的专有化成本越高时，企业失去供应商或客户所带来的成本越高，如转换成本较高及套牢问题等，因此这类企业的供应链风险更高（Costello，2013）。从合规性和法律成本角度看，这类企业可能披露的供应链风险信息越多。但另一方面，已有研究认为专有化成本较高时，企业的转换成本越高，私有信息被竞争者利用时对企业自身的负面影响越大，因此会抑制企业的自愿信息披露。例如，埃利斯等（2012）发现企业专有化成本越高，披露客户具体名称的可能性越低；霍普等（2016）发现企业的专有化成本越高，披露的风险信息的具体程度越低。因此，从这一角度看，专有化成本更高的企业可能披露更少的供应链风险信息。

企业面临的竞争程度也可能影响企业的供应链信息披露。首先，企业所处的竞争环境越激烈，企业失去供应商或客户的可能性越高（Fang et al.，2018），企业的供应商或客户风险越高，更可能对该方面信息进行披露，以遵循合规性；其次，竞争越激烈时，企业面临的外在产品市场威胁越大，可能更有动机通过披露供应链风险的方式减少外来者进入。但是，竞争越激烈，企业披露的供应链风险信息若为竞争者所利用，则可能对企业产生不利影响，因此，企业为了减少竞争者威胁，也可能减少供应链风险信息披露。比如，克拉维和穆斯洛（2013）就发现企业的风险信息可能包含专有化信息，企业有动机隐藏该部分信息以减少竞争。综上，竞争程度对企业供应链风险信息披露的影响是不确定的。为此，我们提出对立假设：

H4a：企业供应链风险披露与专有化成本或竞争程度显著正相关；

H4b：企业供应链风险披露与专有化成本或竞争程度显著负相关。

（五）管理层动机

管理层通常不愿意披露私有信息，但管理层持股使得管理层可以享受信息披露带来的股价上升、融资成本下降等收益，因此，管理层持股可能增加其披露动机。例如，张然和张鹏（2011）发现，CEO 持股比例越高，企业自愿披露业绩预告的动机越强。就供应链风险信息而言，管理层对其披露可能降低企业与投资者间的信息不对称，并且，由于在“未来展望”部分要求披露相应对策，管理层可以利用这一机会披露与供应链相关的应对措施，以降低风险性信息带来的负面市场反应。因此管理层持股越多，可能越有动机披露供应链类风险信息，为此，我们提出假设 5：

H5：企业供应链风险披露与管理层持股显著正相关。

（六）再融资（SEO）动机

当企业具有 SEO 动机时，一方面，为了融资可能有动机隐藏坏消息，进而披露更少的供应链风险信息；另一方面，也可能披露更多该方面的信息。首先，企业进行SEO时面临的外部监管更严格，受到市场的关注度更高，企业不披露供应链风险的法律成本越高，遵循合规性的动机越强。其次，企业预期未来会进行再融资时，有动机披露更多信息，以减少与投资者间的信息不对称并降低融资成本（Ellis et al.，2012）。例如，埃利斯等（2012）发现企业具有SEO动机时，更不可能隐藏客户身份信息。那么对于企业的供应商或客户风险信息，SEO也可能降低企业隐藏该类信息的动机，导致SEO企业披露的供应链类风险信息更多。为此，我们提出对立假设：

H6a：企业供应链风险披露与SEO动机显著正相关；

H6b：企业供应链风险披露与SEO动机显著负相关。

二、外部环境特征

企业所处地区的经济发展程度可能影响企业对于供应链风险信息的披露。首先，经济发展程度越高的地区，其法律环境越好、投资者保护意识越强，维权的可能性越高、维权成本可能越低。在这种情况下，企业更有动机遵循合规性并披露可能存在的供应链风险，导致该类信息披露得更多。其次，经济发展程度越高，当地上市公司整体的公司治理或披露环境可能越好，对于法律法规的解读更为严谨和透彻，在整体披露环境较好的情况下，企业更可能对供应链风险信息进行披露。为此，我们提出假设7：

H7：企业供应链风险披露与地区经济发展程度显著正相关。

第三节　研究设计

一、样本筛选

本书选取2007～2016年中国A股上市公司数据，通过Python软件提取年报

“管理层讨论与分析”中“未来展望”部分，得到文本 17 347 份并进行文本分析。本书财务类数据来自国泰安数据库，剔除同时发行 B 股样本 670 个、同时发行 H 股样本 478 个、金融行业样本 176 个，在剔除缺失值样本后最终得到 10 788 个公司年度样本。本书对所有连续型变量进行上下 1% 的 winsorize 处理。

二、研究模型

$$\begin{aligned}\text{DISCLOSURE} = {} & \beta_0 + \beta_1\text{CHARACTER\_FIRM} + \beta_2\text{CHARACTER\_OUTSIDE} \\ & + \beta_3\text{TREND} + \beta_4\text{SIZE} + \beta_5\text{MB} + \beta_6\text{LEVB} + \beta_7\text{BIGTEN} \\ & + \beta_8\text{ETR} + \beta_9\text{LNANANUM} + \sum\text{YEAR} + \sum\text{INDUSTRY}\end{aligned} \tag{4.1}$$

模型（4.1）是本章的主要回归模型。其中，被解释变量为 DISCLOSURE，表示企业在年报“董事会讨论与分析”中“未来展望”部分有关供应链内容的比例。本书采用三种方式对该部分供应链风险信息进行衡量：（1）SUPPLIER，即年报“董事会讨论与分析”中“未来展望”部分供应商类关键词字数总和占该部分总字数的比例。其中，供应商类关键词为“供应商”。（2）CUSTOMER，即年报“董事会讨论与分析”中“未来展望”部分客户类关键词字数总和占该部分总字数的比例。客户类关键词包括“客户”“用户”“服务”“专用性”。（3）SUPCHAIN，即 SUPPLIER 与 CUSTOMER 之和。供应商和客户类关键词的确定依据为：（1）根据克拉维和穆斯洛（2013）、坎贝尔等（2014）、穆斯洛等（2014）的主题词汇及主题分类，找到供应商和客户类关键词的中文对应词汇。（2）随机选取 100 份“重大风险提示”文本和 100 份“未来展望”文本，阅读并提取供应商或客户类关键词。

模型（4.1）中的主要解释变量为公司特征变量 CHARACTER_FIRM、外部环境特征变量 CHARACTER_OUTSIDE、时间趋势变量 TREND。其中，本书采用以下变量衡量企业的特征：（1）企业历史性风险变量，本书分别考虑了企业的历史异质性风险 STDERET 和历史系统性风险 BETA，其中，STDERET 为年报披露前［-202，-3］期间根据市场模型计算出的异常回报率的标准差，BETA 为年报披露前［-202，-3］期间依据市场模型估算的 β 值。（2）企业业绩变量，包括本期是否发生损失变量（LOSS）和资产回报率变量（ROA）。（3）产权性质变量（SOE），即国有企业取1，非国有企业取0。（4）产品市场类变量，包括专有化成本变量（R&D）和竞争程度变量（COMPETE）。R&D 即企业研发支出占营业总收入的比例；COMPETITION 即年报“董事会讨论与分析”中“未来展望”部分竞争类关键词字数占该部分总字数的比例，竞争类关键词为“竞争”“替代”（Li et al.，2013）。（5）管理层动机变量（MANAOWN），即管理层持股比例。（6）再融资动机变量 FSEO，即企业下期发布 SEO 公告取1，否则为0。

本书采用两种方法衡量企业的外部环境变量：（1）LNGDP，即企业所处省份 GDP 的对数（LNGDP）。（2）企业所处地域变量，其中，企业处于东部时 EAST 取1，否则为0；企业处于中部时 MIDDLE 取1，否则为0；企业处于东北部时，NOTHEAST 取1，否则为0。本书采用 TREND，即年度变量衡量时间趋势。

此外，本书根据坎贝尔等（2016）的研究控制了企业规模（SIZE）、账面市值比（MB）、资产负债率（LEVB）、是否为十大会计师事务所[①]审计（BIG-TEN）、所得税费率（ETR）、分析师跟随人数的对数（LNANANUM）、年度虚拟变量和行业虚拟变量。各变量具体计算方法见表4-1。本书对模型中各解释变量的标准误进行公司和年度双重聚类调整。

表4-1　　变量说明

变量	变量说明
SUPCHAIN	年报“董事会讨论与分析”中“未来展望”部分有关供应链的内容比例 = SUPPLIER + CUSTOMER
SUPPLIER	年报“董事会讨论与分析”中“未来展望”部分有关供应商的内容比例 = “未来展望”部分供应商类关键词字数总和 ÷ “未来展望”部分总字数 × 100。供应商类关键词为“供应商”
CUSTOMER	年报“董事会讨论与分析”中“未来展望”部分有关客户的内容比例 = “未来展望”部分客户类关键词字数总和 ÷ “未来展望”部分总字数 × 100。客户类关键词为“客户，用户，服务，专用性”

① 十大会计师事务所是指：普华永道中天会计师事务所、德勤华永会计师事务所、立信会计师事务所、安永华明会计师事务所、毕马威华振会计师事务所、瑞华会计师事务所、天健会计师事务所、大华会计师事务所、致同会计师事务所、信永中和会计师事务所。

续表

变量	变量说明
NW	年报“董事会讨论与分析”中“未来展望”部分字数
TREND	年度
BETA	年报披露前［-202，-3］期间依据市场模型估算的 β 值
STDERET	年报披露前［-202，-3］期间异常回报率的标准差。其中，异常回报率根据市场模型计算
LOSS	本期 NI 小于 0 取 1，否则为 0。其中，NI =（净利润 - 非经常性损益）÷ 期初市值
ROA	资产回报率
SOE	国有企业取 1，非国有企业取 0
LNGDP	公司所在省份当年度 GDP 的自然对数
R&D	R&D 占比 = 开发支出本期发生额 ÷ 营业总收入
COMPETITION	年报“董事会讨论与分析”中“未来展望”部分有关竞争的内容比例 = “未来展望”部分竞争类关键词字数总和 ÷ “未来展望”部分总字数。竞争类关键词为“竞争”“替代”，参考李等（2013）
MANAOWN	管理层持股比例
FSEO	企业下期发布 SEO 公告取 1，否则为 0
SIZE	总资产的对数
MB	账面市值比
LEVB	账面资产负债率
BIGTEN	十大审计取 1，非十大审计取 0
ETR	ETR = 所得税费用 ÷（净利润 + 所得税费用）
LNANANUM	当年度分析师跟随人数的自然对数
RSALE_SUP	当年度前五大供应商采购占比合计
RSALE_CUS	当年度前五大客户销售占比合计
MACRO	年报“董事会讨论与分析”中“未来展望”部分有关宏观风险披露的比例 = “未来展望”部分宏观类关键词字数总和 ÷ “未来展望”部分总字数 × 100
INDUSTRYRISK	年报“董事会讨论与分析”中“未来展望”部分有关行业风险披露的比例 = “未来展望”部分行业类关键词字数总和 ÷ “未来展望”部分总字数 × 100
OPERATE	年报“董事会讨论与分析”中“未来展望”部分有关经营风险披露的比例 = “未来展望”部分经营类关键词字数总和 ÷ “未来展望”部分总字数 × 100

续表

变量	变量说明
FINANCE	年报“董事会讨论与分析”中“未来展望”部分有关财务风险披露的比例 = “未来展望”部分财务类关键词字数总和 ÷ “未来展望”部分总字数 ×100
YEAR	年度虚拟变量。样本年份为 2007 ~ 2016 年，因此共 9 个年度虚拟变量
INDUSTRY	行业虚拟变量。行业根据证监会 2010 年行业分类进行划分，制造业取前两位代码，其他行业取首位代码，共 20 个行业虚拟变量

第四节　实 证 结 果

一、描述性统计与相关系数分析

表 4 – 2 列示了所有变量的描述性统计。其中，“未来展望”部分字数均值为 2 813，最少为 27 个字，最多达到 11 264 个字。该部分供应商关键字占比为 0.045%，最少为 0，最多为 0.538%；客户关键字占比均值为 0.410%，最小为 0，最多达到 2.344%。客户关键字占比远高于供应商关键字占比，说明企业在“未来展望”部分对客户的披露远多于对供应商的披露。其他变量中，BETA 均值为 1.009；STDERET 均值为 0.020；18.7% 的企业发生损失；ROA 均值为 0.041；样本中 51.2% 的企业为国有企业；研发支出占营业收入比例的均值为 0.4%，大部分企业本期没有发生开发支出，但企业开发支出最大达到 8.6%；“未来展望”部分竞争类关键字占比为 0.450%，最少为 0，最多达到 1.541%；管理层持股比例均值为 7.8%；11.3% 的企业进行了再融资；公司所在省份 GDP 均值为 80 821.64 亿元；企业总资产均值为 33 亿元；账面市值比均值为 0.531；资产负债率均值为 47.1%；样本中 42.6% 的企业有十大审计；分析师跟随人数平均为 4 人。

表4-2 **描述性统计**

variable	N	mean	p50	sd	min	max
SUPCHAIN	10 788	0.457	0.298	0.508	0	2.431
SUPPLIER	10 788	0.045	0	0.100	0	0.538
CUSTOMER	10 788	0.410	0.254	0.481	0	2.344
NW	10 788	2 812.857	2 407.500	1 905.163	27.000	11 264.000
BETA	10 788	1.009	1.024	0.202	0.468	1.484
STDERET	10 788	0.020	0.020	0.006	0.009	0.036
LOSS	10 788	0.187	0	0.390	0	1.000
ROA	10 788	0.041	0.036	0.056	-0.168	0.213
SOE	10 788	0.512	1.000	0.500	0	1.000
R&D	10 788	0.004	0	0.014	0	0.086
COMPETITION	10 788	0.450	0.399	0.324	0	1.541
MANAOWN	10 788	0.078	0	0.164	0	0.672
FSEO	10 788	0.113	0	0.316	0	1.000
LNGDP	10 788	10.032	10.068	0.772	7.432	11.300
SIZE	10 788	21.942	21.845	1.144	19.408	25.177
MB	10 788	0.531	0.506	0.241	0.096	1.087
LEVB	10 788	0.471	0.472	0.209	0.059	0.954
BIGTEN	10 788	0.426	0	0.495	0	1.000
ETR	10 788	0.010	0.007	0.010	-0.007	0.050
LNANANUM	10 788	1.478	1.386	1.124	0	3.638
RTSALE_SUP	6 192	0.352	0.304	0.210	0.047	0.964
RTSALE_CUS	9 442	0.297	0.233	0.222	0.010	0.992

资料来源：笔者根据相关资料统计。

图4-1列示了“未来展望”部分各类别风险信息披露的时间趋势，包括供应链风险信息披露（SUPCHAIN）、宏观类风险信息披露（MACRO）、行业风险信息披露（INDUSTRYRISK）、经营风险信息披露（OPERATE）和财务风险信息披露（FINANCE）。各类别风险信息披露根据相应类别关键词总字数占“未来展望”部分总字数的比例计算得到。从图中可见，经营类风险披露最多，宏观类风险披露次之，供应链风险信息披露最少，但是从时间趋势来看，2007~2016年财务类风险披露大幅下降，而行业类风险披露和供应链类风险披露呈现缓慢上涨趋势。

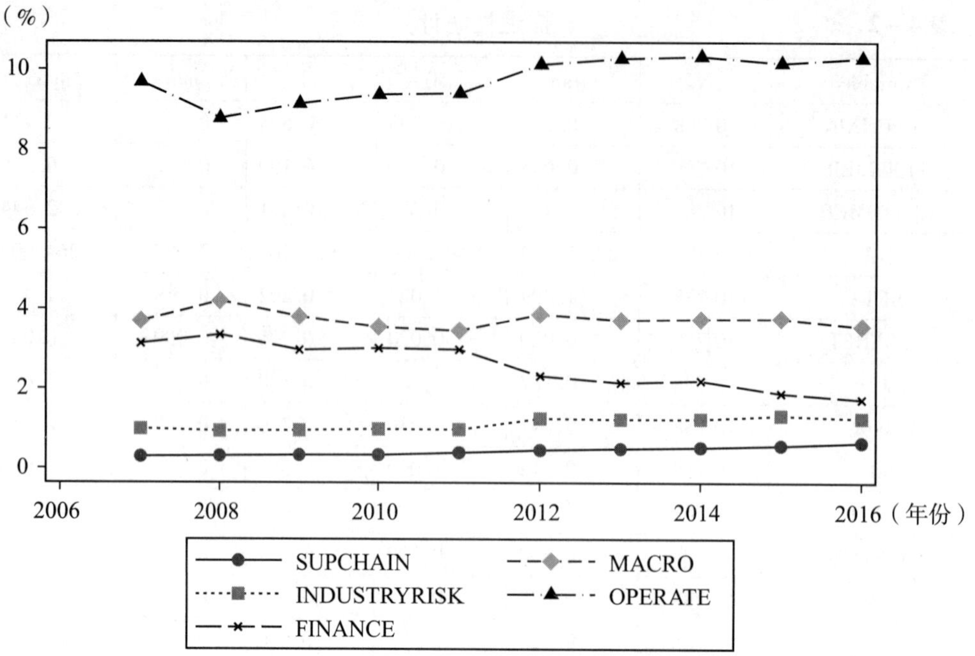

图4－1 各类别风险信息披露时间趋势

资料来源：笔者根据相关资料整理。

图4－2进一步列示了供应链风险信息披露的时间趋势。从图中可见，自2007～2016年，供应链类风险信息比例呈明显上升趋势，从0.3%左右上升至0.6%以上，并且该上升趋势主要源于客户类风险信息比例的上升，供应商类风险信息披露比例虽呈上升趋势，但趋势较缓。同时，各年度供应商类风险信息披露比例一直低于客户类风险信息披露比例。

图4－3中分行业列示了企业供应链风险信息的平均比例。可以看出，不同行业间供应链风险信息的披露存在较大差异。就供应商风险信息而言，披露最多的为制造业和批发零售业；就客户风险信息而言，披露最多的为软件和信息技术行业、卫生和社会工作行业、租赁和商务服务业。这些行业对于供应商或客户风险信息的披露与供应商或客户在该行业的重要性较为一致。

此外，由于客户风险信息披露远高于供应商风险信息披露，总体来看，供应链风险信息披露最多的行业与客户风险信息披露排名一致，为信息传输、软件和信息技术服务业，卫生和社会工作行业、租赁和商务服务业。

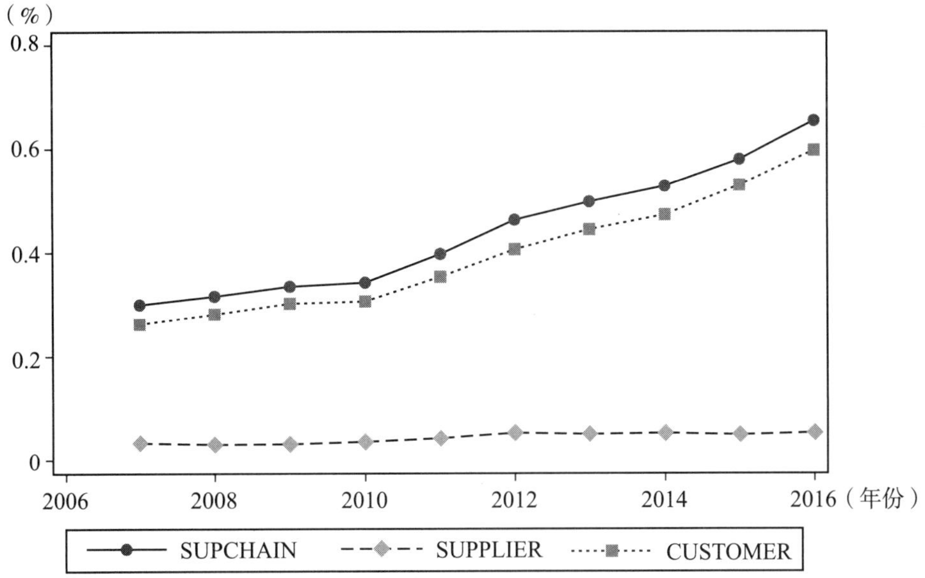

图 4-2 供应链风险信息披露时间趋势

资料来源：笔者根据相关资料整理。

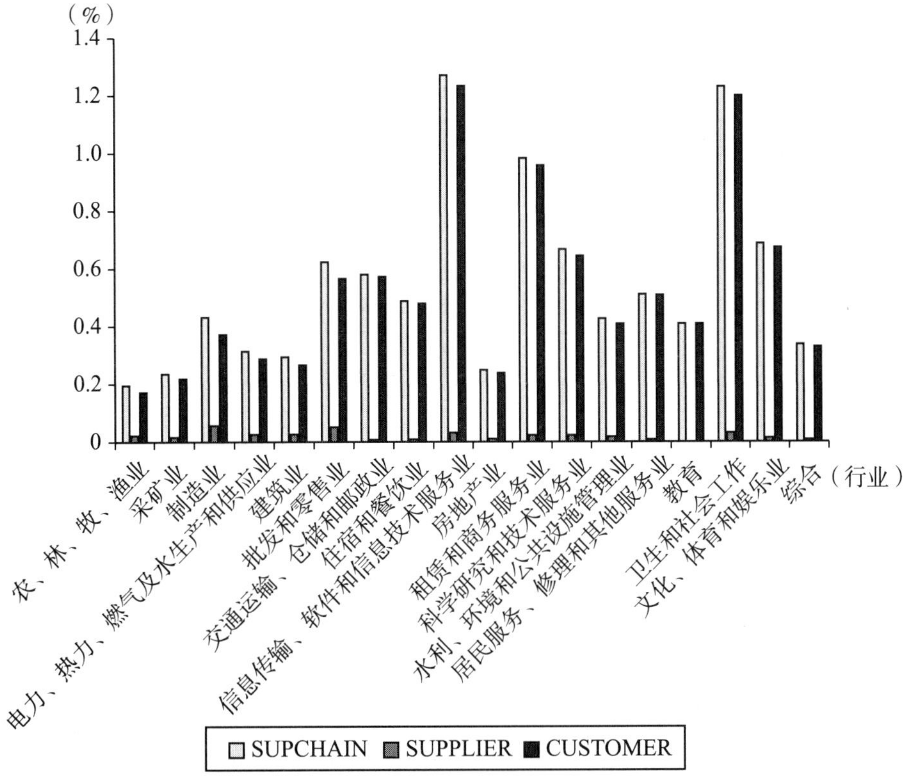

图 4-3 企业供应链风险信息的平均比例——分行业统计

资料来源：笔者根据相关资料整理。

表4－3按照企业特征、外部环境变量分组并进行均值检验。其中，Panel A根据企业历史性系统风险BETA和历史异质性风险STDRET同年度同行业均值进行分组；Panel B按企业当年度是否发生亏损进行分组；Panel C按照企业产权性质分组；Panel D根据企业是否有R&D支出分组；Panel E根据企业在“未来展望”部分是否有“竞争”关键词进行分组；Panel F根据企业是否有管理层持股分组；Panel G根据企业下期是否发布SEO公告进行分组；Penal H根据企业是否处于我国东部地区进行分组。研究结果表明，历史系统性风险较高的企业、非亏损企业、非国有企业、有R&D支出的企业、有竞争压力的企业、有管理层持股的企业、有再融资动机以及东部地区企业的供应链风险信息披露显著更多。

表4－3　均值检验

Panel A 均值检验——按企业风险分组

风险变量	变量	风险低		风险高		差异
		样本	均值	样本	均值	
BETA	SUPCHAIN	5 058	0.436	5 730	0.476	−0.040***
	SUPPLIER	5 058	0.042	5 730	0.047	−0.005***
	CUSTOMER	5 058	0.392	5 730	0.426	−0.035***
STDERET	SUPCHAIN	5 540	0.457	5 248	0.458	−0.001
	SUPPLIER	5 540	0.046	5 248	0.044	0.002
	CUSTOMER	5 540	0.409	5 248	0.411	−0.003

Panel B 均值检验——按是否为亏损企业分组

变量	非亏损企业		亏损企业		差异
	样本	均值	样本	均值	
SUPCHAIN	8 769	0.479	2 019	0.364	0.114***
SUPPLIER	8 769	0.047	2 019	0.036	0.011***
CUSTOMER	8 769	0.429	2 019	0.326	0.103***

Panel C 均值检验——按国有企业与非国有企业分组

变量	非国有企业		国有企业		差异
	样本	均值	样本	均值	
SUPCHAIN	5 265	0. 525	5 523	0. 393	0. 131 ***
SUPPLIER	5 265	0. 057	5 523	0. 033	0. 024 ***
CUSTOMER	5 265	0. 463	5 523	0. 359	0. 105 ***

Panel D 均值检验——按是否有 R&D 支出分组

变量	无 R&D 支出		有 R&D 支出		差异
	样本	均值	样本	均值	
SUPCHAIN	8 788	0. 424	2 000	0. 603	-0. 179 ***
SUPPLIER	8 788	0. 041	2 000	0. 061	-0. 020 ***
CUSTOMER	8 788	0. 380	2 000	0. 539	-0. 159 ***

Panel E 均值检验——按是否披露竞争分组

变量	未披露竞争		披露竞争		差异
	样本	均值	样本	均值	
SUPCHAIN	913	0. 271	9 875	0. 475	-0. 204 ***
SUPPLIER	913	0. 022	9 875	0. 047	-0. 025 ***
CUSTOMER	913	0. 243	9 875	0. 425	-0. 182 ***

Panel F 均值检验——按是否有管理层持股分组

变量	无管理层持股		有管理层持股		差异
	样本	均值	样本	均值	
SUPCHAIN	3 006	0. 383	7 782	0. 486	-0. 103 ***
SUPPLIER	3 006	0. 037	7 782	0. 048	-0. 010 ***
CUSTOMER	3 006	0. 343	7 782	0. 436	-0. 092 ***

Panel G 均值检验——按是否有再融资动机分组

变量	非亏损企业		亏损企业		差异
	样本	均值	样本	均值	
SUPCHAIN	9 572	0.450	1 216	0.518	-0.069***
SUPPLIER	9 572	0.044	1 216	0.051	-0.007**
CUSTOMER	9 572	0.403	1 216	0.465	-0.062***

Panel H 均值检验——按部与非东部分组

变量	东部		非东部		差异
	样本	均值	样本	均值	
SUPCHAIN	6 670	0.513	4 118	0.367	0.147***
SUPPLIER	6 670	0.050	4 118	0.036	0.014***
CUSTOMER	6 670	0.461	4 118	0.328	0.133***

注：*、**、*** 分别表示在 10%、5%、1% 的水平上显著。

从表 4-4 的相关系数分析看，SUPPLIER 与 CUSTOMER 的相关系数为 0.121，说明企业在披露供应商风险信息和客户风险信息时具有联动性。从 SUPCHAIN 与 SUPPLIER 和 CUSTOMER 的相关系数来看，SUPCHAIN 指标主要受 CUSTOMER 指标影响。此外，SUPCHAIN、SUPPLIER、CUSTOMER 与年度趋势变量、企业的历史性系统风险变量、所在省份 GDP、未来 SEO 动机、资产负债率、R&D 支出、竞争程度、高管持股、分析师跟随人数正相关，与企业的历史异质性风险、损失、国有产权性质、公司规模、资产负债率、账面市值比负相关。

表 4-4　　　　相关系数分析

variables	SUPCHAIN	SUPPLIER	CUSTOMER
SUPCHAIN	1.000		
SUPPLIER	0.332***	1.000	
CUSTOMER	0.973***	0.121***	1.000
BETA	0.100***	0.059***	0.093***
STDERET	-0.049***	-0.024**	-0.047***

续表

variables	SUPCHAIN	SUPPLIER	CUSTOMER
LOSS	-0.088***	-0.044***	-0.084***
ROA	0.087***	0.040***	0.083***
SOE	-0.129***	-0.117***	-0.109***
R&D	0.146***	0.079***	0.137***
COMPETITION	0.088***	0.045***	0.084***
MANAOWN	0.197***	0.119***	0.182***
FSEO	0.043***	0.022**	0.041***
LNGDP	0.192***	0.108***	0.179***
SIZE	-0.017*	-0.017*	-0.013
MB	-0.098***	-0.024**	-0.098***
LEVB	-0.130***	-0.083***	-0.118***
BIGTEN	0.037***	0.046***	0.030***
ETR	0.004	0.005	0.002
LNANANUM	0.098***	0.051***	0.093***

注：*、**、*** 分别表示在10%、5%、1%的水平上显著。

二、回归结果

（一）供应链风险信息披露影响因素——企业特征

表4-5列示了企业横截面特征对供应链风险信息披露的影响。其中，第（1）~（3）列的被解释变量分别为企业供应链风险信息披露比例、供应商风险信息披露比例和客户风险信息披露比例。从回归结果看，企业的历史系统风险与供应链风险信息显著正相关，说明企业在“管理层讨论与分析”中“未来展望”部分的风险信息披露反映了企业的历史性系统风险。LOSS与SUPPCHAIN、SUPPLIER和CUSTOMER均显著负相关，说明企业面临亏损时，更可能隐藏坏消息，披露的供应链类风险信息更少。ROA与SUPCHAIN和CUSTOMER显著正相关，与SUPPLIER无显著相关关系，说明企业业绩越好，其披露的供应链类（主要是

客户类）风险信息越多。SOE 与 SUPCHAIN 和 SUPPLIER 显著负相关，与 CUSTOMER 无显著相关关系，说明国有企业披露的供应链风险信息（主要是供应商风险信息）更少。R&D 与供应链类风险信息披露显著正相关，说明企业的专有化成本越高，披露的供应链类风险信息越多。COMPETITON 与 SUPCHAIN 和 CUSTOMER 显著正相关，与 SUPPLIER 无显著相关关系，说明企业面临的竞争环境越严酷，其披露的供应链类（主要是客户类）风险信息越多，但没有证据表明其披露的供应商类信息越多。可能的原因是外来者选择是否进入该市场时，考虑更多的是市场潜力，因此相对于供应商风险，客户类风险更能逼退外来者进入该市场。MANAOWN 与供应链类风险信息披露显著正相关，说明当管理层与股东利益趋于一致时，更可能披露供应链风险信息。FSEO 与 SUPCHAIN 和 CUSTOMER 显著正相关，与 SUPPLIER 无显著相关关系，说明当企业具有再融资动机时，披露的供应链风险信息更多，且主要是因为披露了更多的客户风险信息。这一结果说明，当企业面临较强的外部监管时，更可能遵循相关法规，做好信息披露工作。此外，本书发现负债率较高的企业披露的供应商风险信息更少，所得税率较高、分析师跟随较少企业的客户风险信息披露更少。

表 4-5　供应链风险信息披露影响因素——企业特征

predict sign	variables	(1) SUPCHAIN	(2) SUPPLIER	(3) CUSTOMER
+	BETA	0.136 *** (3.141)	0.016 * (1.932)	0.121 *** (3.425)
+	STDERET	-1.263 (-0.856)	-0.121 (-0.479)	-1.169 (-0.808)
?	LOSS	-0.040 *** (-2.865)	-0.006 ** (-2.536)	-0.035 ** (-2.440)
?	ROA	0.278 ** (2.143)	-0.005 (-0.136)	0.291 ** (2.410)
-	SOE	-0.042 ** (-2.210)	-0.012 *** (-3.538)	-0.027 (-1.463)
?	R&D	1.409 *** (2.582)	0.281 ** (2.334)	1.135 ** (2.177)

续表

predict sign	variables	(1) SUPCHAIN	(2) SUPPLIER	(3) CUSTOMER
?	COMPETITION	0.091*** (3.447)	-0.001 (-0.180)	0.094*** (4.117)
+	MANAOWN	0.325*** (6.127)	0.021** (2.173)	0.306*** (6.256)
?	FSEO	0.019*** (4.950)	0.002 (0.845)	0.018*** (3.452)
	SIZE	-0.015 (-1.199)	-0.000 (-0.217)	-0.014 (-1.208)
	MB	-0.009 (-0.170)	0.018* (1.753)	-0.028 (-0.557)
	LEVB	0.033 (0.802)	-0.019** (-2.076)	0.052 (1.291)
	BIGTEN	0.017 (1.246)	0.005* (1.925)	0.011 (0.878)
	ETR	-1.450** (-2.171)	0.206 (1.352)	-1.753** (-2.456)
	LNANANUM	0.020** (2.143)	0.002 (1.116)	0.018* (1.884)
	INDUSTRY	YES	YES	YES
	YEAR	YES	YES	YES
	Constant	0.458* (1.658)	0.009 (0.192)	0.430* (1.738)
	Observations	10 788	10 788	10 788
	Adj R-squared	0.236	0.064	0.242
	F	61.24	25.02	58.77

注：括号内为t值，*、**、***分别表示在10%、5%、1%的水平上显著。

（二）供应链风险信息披露影响因素——外部环境特征

表4－6检验了外部环境对企业供应链风险信息披露的影响，本书在回归模型中控制了表4－5中所有企业特征变量。第（1）~（3）列中，采用企业所在省份GDP的自然对数变量LNGDP衡量外部环境，研究结果表明LNGDP与SUPCHAIN、SUPPLIER和CUSTOER均显著正相关，说明企业所处地区经济水平越发达，披露的供应链风险信息越多。第（4）~（6）列中，本书采用区域虚拟变量衡量企业所处地域，研究结果表明SUPCHAIN、SUPPLIER和CUSTOER与EAST显著正相关，但与MIDDLE和NOTHEAST无显著相关关系，说明相比于西部地区，东部地区企业披露的供应链风险更多，但中部和东北地区企业与西部企业在供应链风险信息披露方面无显著差异。这些结果表明企业所处地区经济越发达，供应链风险信息披露越多。

表4－6　　　　供应链风险信息披露影响因素——外部环境

predict sign	variables	(1)	(2)	(3)	(4)	(5)	(6)
		SUPCHAIN	SUPPLIER	CUSTOMER	SUPCHAIN	SUPPLIER	CUSTOMER
+	LNGDP	0.047*** (4.774)	0.006*** (2.579)	0.041*** (4.528)			
+	EAST				0.097*** (5.390)	0.012*** (3.257)	0.084*** (4.926)
+	MIDDLE				0.016 (0.791)	0.004 (1.023)	0.010 (0.527)
+	NORTHEAST				0.057* (1.657)	0.010 (1.554)	0.042 (1.336)
+	BETA	0.134*** (3.120)	0.016* (1.890)	0.119*** (3.419)	0.133*** (3.155)	0.016* (1.906)	0.118*** (3.459)
/	STDERET	−1.114 (−0.769)	−0.103 (−0.408)	−1.038 (−0.732)	−1.176 (−0.808)	−0.110 (−0.439)	−1.092 (−0.769)
−	LOSS	−0.037** (−2.571)	−0.006** (−2.418)	−0.031** (−2.166)	−0.039*** (−2.759)	−0.006** (−2.483)	−0.033** (−2.324)

续表

predict sign	variables	(1)	(2)	(3)	(4)	(5)	(6)
		SUPCHAIN	SUPPLIER	CUSTOMER	SUPCHAIN	SUPPLIER	CUSTOMER
+	ROA	0.270** (2.164)	-0.006 (-0.161)	0.285** (2.408)	0.279** (2.241)	-0.005 (-0.127)	0.292** (2.497)
-	SOE	-0.030 (-1.543)	-0.011*** (-3.052)	-0.017 (-0.879)	-0.029 (-1.535)	-0.011*** (-3.076)	-0.015 (-0.839)
+	R&D	1.448*** (2.674)	0.285** (2.392)	1.169** (2.255)	1.490*** (2.787)	0.288** (2.405)	1.210** (2.370)
+	COMPETITION	0.089*** (3.392)	-0.001 (-0.211)	0.093*** (4.060)	0.091*** (3.455)	-0.001 (-0.178)	0.095*** (4.117)
+	MANAOWN	0.307*** (5.844)	0.019** (1.972)	0.290*** (5.938)	0.309*** (5.960)	0.019** (1.985)	0.293*** (6.096)
+	FSEO	0.020*** (4.781)	0.002 (0.896)	0.019*** (3.315)	0.020*** (5.159)	0.002 (0.938)	0.018*** (3.380)
	SIZE	-0.013 (-1.047)	-0.000 (-0.117)	-0.012 (-1.060)	-0.018 (-1.478)	-0.001 (-0.374)	-0.017 (-1.480)
	MB	-0.019 (-0.372)	0.016 (1.613)	-0.037 (-0.744)	-0.008 (-0.153)	0.018* (1.733)	-0.026 (-0.549)
	LEVB	0.030 (0.730)	-0.019** (-2.121)	0.049 (1.231)	0.051 (1.274)	-0.017* (-1.799)	0.068* (1.729)
	BIGTEN	0.017 (1.219)	0.005* (1.921)	0.011 (0.854)	0.012 (0.847)	0.005* (1.747)	0.007 (0.494)
	ETR	-1.576** (-2.429)	0.191 (1.242)	-1.864*** (-2.677)	-1.637** (-2.496)	0.181 (1.188)	-1.913*** (-2.732)
	LNANANUM	0.018** (2.018)	0.002 (0.994)	0.016* (1.778)	0.021** (2.321)	0.002 (1.178)	0.019** (2.027)
	INDUSTRY	YES	YES	YES	YES	YES	YES
	YEAR	YES	YES	YES	YES	YES	YES
	Constant	-0.021 (-0.073)	-0.048 (-0.975)	0.008 (0.028)	0.431 (1.600)	0.004 (0.092)	0.408* (1.695)

续表

predict sign	variables	(1)	(2)	(3)	(4)	(5)	(6)
		SUPCHAIN	SUPPLIER	CUSTOMER	SUPCHAIN	SUPPLIER	CUSTOMER
	Observations	10 788	10 788	10 788	10 788	10 788	10 788
	Adj R - squared	0. 240	0. 065	0. 245	0. 242	0. 065	0. 247
	F	60. 83	24. 78	58. 44	59. 26	23. 84	56. 87

注：括号内为 t 值，*、**、*** 分别表示在 10%、5%、1% 的水平上显著。

三、进一步研究：供应链风险信息披露时间趋势

上述研究表明企业内外部环境会影响其供应链风险信息披露，那么，随着时间的推移，企业内外部环境可能发生变化并影响企业的供应链风险信息披露。因此，本书拟进一步探讨供应链风险信息披露的时间趋势。

首先，随着经济和资本市场的迅速发展，企业之间的竞争已经拓展到方方面面，供应链也日益成为企业在竞争中生存的重要环节。随着互联网、实体交通以及科技的发展，企业的供应商和客户比以往拥有更多选择权，企业失去供应商和客户的风险日益提高。例如，柯达和诺基亚的陨落，皆因未能跟上客户日新月异的需求，最终失去客户，业绩惨败。随着时间的推移，企业的供应链风险可能具有增长趋势。另外，随着我国法律环境的日益完善和投资者自我保护意识的加强，企业信息披露不全的法律成本日益提高，可能增强企业披露供应链风险的动机。因此，总体看来，企业的供应链风险信息披露可能具有增长趋势。

表 4 - 7 检验了供应链风险信息披露的时间趋势。其中，被解释变量分别为供应链风险信息披露变量 SUPCHAIN、供应商风险信息披露变量 SUPPLIER 和客户风险信息披露变量 CUSTOMER；主要解释变量为 TREND，即年度时间变量。表中第（1）、（3）、（5）列模型中未控制年度虚拟变量，结果显示 TREND 显著为正。这说明随着时间的推移，企业披露的供应链风险信息，包括供应商风险信息和客户风险信息都呈显著增长趋势。第（2）、（4）、（6）列模型中控制了年度虚拟变量，结果基本一致。企业特征变量及外部环境特征变量结果也并未受到影响。

表 4－7　　　　　　　　供应链风险信息披露时间趋势

predict sign	variables	(1)	(2)	(3)	(4)	(5)	(6)
		SUPCHAIN	SUPCHAIN	SUPPLIER	SUPPLIER	CUSTOMER	CUSTOMER
+	TREND	0.028*** (8.513)	0.024*** (11.367)	0.001* (1.757)	－0.000 (－0.372)	0.027*** (8.779)	0.024*** (11.936)
+	BETA	0.131*** (3.034)	0.134*** (3.120)	0.016* (1.847)	0.016* (1.890)	0.117*** (3.316)	0.119*** (3.419)
/	STDERET	－0.117 (－0.093)	－1.114 (－0.769)	－0.034 (－0.143)	－0.103 (－0.408)	－0.136 (－0.114)	－1.038 (－0.732)
－	LOSS	－0.038** (－2.521)	－0.037** (－2.571)	－0.006** (－2.423)	－0.006** (－2.418)	－0.032** (－2.155)	－0.031** (－2.166)
+	ROA	0.248* (1.925)	0.270** (2.164)	－0.007 (－0.187)	－0.006 (－0.161)	0.263** (2.157)	0.285** (2.408)
－	SOE	－0.031 (－1.584)	－0.030 (－1.543)	－0.011*** (－3.099)	－0.011*** (－3.052)	－0.017 (－0.916)	－0.017 (－0.879)
+	R&D	1.440*** (2.683)	1.448*** (2.674)	0.289** (2.445)	0.285** (2.392)	1.156** (2.248)	1.169** (2.255)
+	COMPETITION	0.095*** (3.645)	0.089*** (3.392)	0.001 (0.117)	－0.001 (－0.211)	0.097*** (4.235)	0.093*** (4.060)
+	MANAOWN	0.308*** (5.846)	0.307*** (5.844)	0.019** (1.979)	0.019** (1.972)	0.291*** (5.948)	0.290*** (5.938)
+	FSEO	0.022*** (4.534)	0.020*** (4.781)	0.002 (1.098)	0.002 (0.896)	0.021*** (3.344)	0.019*** (3.315)
+	LNGDP	0.045*** (4.646)	0.047*** (4.774)	0.006*** (2.665)	0.006*** (2.579)	0.040*** (4.383)	0.041*** (4.528)
	SIZE	－0.008 (－0.829)	－0.013 (－1.047)	0.000 (0.185)	－0.000 (－0.117)	－0.008 (－0.854)	－0.012 (－1.060)
	MB	－0.027 (－0.710)	－0.019 (－0.372)	0.015* (1.736)	0.016 (1.613)	－0.046 (－1.261)	－0.037 (－0.744)
	LEVB	0.018 (0.421)	0.030 (0.730)	－0.020** (－2.217)	－0.019** (－2.121)	0.039 (0.932)	0.049 (1.231)

续表

predict sign	variables	(1) SUPCHAIN	(2) SUPCHAIN	(3) SUPPLIER	(4) SUPPLIER	(5) CUSTOMER	(6) CUSTOMER
	BIGTEN	0.012 (0.902)	0.017 (1.219)	0.005* (1.883)	0.005* (1.921)	0.006 (0.503)	0.011 (0.854)
	ETR	-1.448** (-2.383)	-1.576** (-2.429)	0.214 (1.412)	0.191 (1.242)	-1.768*** (-2.697)	-1.864*** (-2.677)
	LNANANUM	0.014 (1.545)	0.018** (2.018)	0.001 (0.709)	0.002 (0.994)	0.013 (1.361)	0.016* (1.778)
	INDUSTRY	YES	YES	YES	YES	YES	YES
	YEAR	NO	YES	NO	YES	NO	YES
	Constant	-57.334*** (-8.610)	-47.944*** (-11.454)	-1.872* (-1.858)	0.294 (0.323)	-55.117*** (-8.875)	-48.178*** (-12.026)
	Observations	10 788	10 788	10 788	10 788	10 788	10 788
	AdjR-squared	0.238	0.240	0.064	0.065	0.244	0.245
	F	72.67	60.83	28.51	24.78	69.93	58.44

注：括号内为 t 值，*、**、*** 分别表示在 10%、5%、1% 的水平上显著。

四、稳健性检验

（一）控制供应链量化信息

定量信息的披露可能影响管理层对于定性信息披露的选择。一方面，当企业披露的前五大供应商采购占比或客户销售占比较高时，可能反映企业对前五大供应商或客户的依赖度较高，供应链风险较高，管理层在“未来展望”部分可能披露更多的供应链风险；另一方面，该比例的高低可能并不能全面地反映企业与供应商或客户的历史和未来关系，企业对于供应链方面的定性披露可能与定量披露无关，甚至负相关。为此，本书在已有模型中对前五大供应商采购占比或客户销售占比进行控制。

表4-8 列示了相应结果。其中，第（1）列被解释变量为SUPCHAIN，由于

SUPCHAIN 为供应商关键词和客户关键词比例合计，本书在模型中同时控制了前五大供应商采购占比 RTSHALE_SUP 和前五大客户销售占比 RTSALE_CUS。第（2）列被解释变量为 SUPPLIER，本书在模型中仅控制了变量 RTSALE_SUP；第（3）列被解释变量为 CUSTOEMR，本书在模型中仅控制了变量 RTSALE_CUS。从回归结果看，RTSALE_SUP 和 RTSALE_CUS 的回归结束均不显著，说明企业本期在“未来展望”部分的供应链风险信息披露与企业披露的供应商或客户依赖度历史性量化信息并无显著相关关系，企业对于供应链风险的定性披露并非对供应链历史风险的补充，可能包含其他信息含量。此外，其他企业特征变量、外部环境变量及时间趋势变量与表 4 - 5、表 4 - 6 及表 4 - 7 结果一致，说明本书的回归结果较为稳健。

表 4 - 8　　　　稳健性检验——控制供应链量化信息

variables	(1)	(2)	(3)
	SUPCHAIN	SUPPLIER	CUSTOMER
RTSALE_SUP	-0.061 (-1.145)	-0.016 (-1.374)	
RTSALE_CUS	0.039 (0.822)		-0.041 (-1.130)
TREND	0.031*** (14.738)	-0.000 (-0.226)	0.029*** (14.615)
BETA	0.122*** (2.836)	0.024** (2.383)	0.098*** (2.806)
STDERET	0.592 (0.308)	-0.184 (-0.475)	-1.125 (-0.736)
LOSS	-0.038** (-2.171)	-0.007** (-2.334)	-0.033** (-2.407)
ROA	0.274 (1.187)	-0.058 (-1.132)	0.307** (2.326)
SOE	-0.060*** (-2.812)	-0.014*** (-3.202)	-0.027 (-1.407)

续表

variables	(1)	(2)	(3)
	SUPCHAIN	SUPPLIER	CUSTOMER
R&D	1.244 ** (2.029)	0.186 (1.635)	1.259 ** (2.196)
COMPETITION	0.077 *** (3.366)	-0.012 (-1.605)	0.094 *** (4.495)
MANAOWN	0.281 *** (5.254)	0.016 (1.490)	0.302 *** (6.496)
FSEO	0.002 (0.281)	0.004 * (1.936)	0.011 ** (2.032)
SIZE	-0.023 (-1.532)	-0.001 (-0.198)	-0.022 * (-1.952)
MB	-0.015 (-0.247)	0.020 (1.638)	-0.015 (-0.312)
LEVB	0.078 * (1.687)	-0.022 * (-1.702)	0.061 (1.482)
BIGTEN	0.013 (0.917)	0.006 (1.594)	0.009 (0.648)
ETR	-1.355 (-1.490)	0.612 *** (3.368)	-2.034 *** (-2.598)
LNANANUM	0.028 ** (2.283)	0.001 (0.606)	0.019 * (1.879)
INDUSTRY	YES	YES	YES
YEAR	YES	YES	YES
Constant	-62.454 *** (-14.621)	0.254 (0.243)	-57.683 *** (-14.385)
Observations	6 025	6 192	9 442
Adj R-squared	0.230	0.055	0.246
F	34.58	18.78	50.64

注：括号内为 t 值，*、**、*** 分别表示在 10%、5%、1% 的水平上显著。

(二) 控制其他类别风险信息披露

由于“未来展望”部分的信息披露属于一个整体，企业对于各类别风险披露的比例高低可能受到其他类别风险信息披露的影响。因此，供应链风险信息披露比例与其他类别风险信息披露比例之间的相关关系可能导致本书实证结果并非企业特征、外部环境特征或时间趋势对供应链风险信息披露比例的影响，而是对其他类别风险信息披露的影响。为此，本书在原有模型基础上控制其他类别风险信息披露比例，包括宏观风险披露比例指标 MACRO、行业风险披露比例指标 INDUSTRYRISK、经营风险披露指标 OPERATE、财务风险披露指标 FINANCE。各风险类别指标根据该类别关键词字数占“未来展望”部分总字数的比例计算得到。

表 4 –9 列示了相应的回归结果，各变量回归结果与主回归结果一致，说明本书回归结果稳健。

表 4 –9　　稳健性检验——控制其他类别风险信息披露

variables	(1)	(2)	(3)	(4)	(5)	(6)
	SUPCHAIN	SUPPLIER	CUSTOMER	SUPCHAIN	SUPPLIER	CUSTOMER
MACRO	–0.025*** (–5.562)	0.000 (0.060)	–0.024*** (–5.878)	–0.025*** (–5.614)	0.000 (0.050)	–0.025*** (–5.933)
INDUSTRYRISK	–0.023** (–2.494)	–0.010*** (–4.363)	–0.011 (–1.384)	–0.022** (–2.405)	–0.010*** (–4.329)	–0.010 (–1.285)
OPERATE	0.017*** (7.459)	0.001 (1.013)	0.016*** (7.515)	0.017*** (7.320)	0.001 (0.948)	0.016*** (7.394)
FINANCE	–0.035*** (–8.687)	0.001 (0.986)	–0.036*** (–8.949)	–0.036*** (–8.910)	0.001 (0.899)	–0.037*** (–9.108)
LNGDP	0.045*** (4.769)	0.006*** (2.707)	0.040*** (4.489)			
EAST				0.093*** (5.309)	0.012*** (3.187)	0.081*** (4.885)

续表

variables	(1)	(2)	(3)	(4)	(5)	(6)
	SUPCHAIN	SUPPLIER	CUSTOMER	SUPCHAIN	SUPPLIER	CUSTOMER
MIDDLE				0.009 (0.431)	0.004 (1.051)	0.003 (0.149)
NORTHEAST				0.054* (1.676)	0.009 (1.365)	0.041 (1.383)
TREND	0.019*** (8.652)	0.000 (0.494)	0.019*** (9.135)	0.024*** (12.424)	0.001** (2.169)	0.023*** (12.201)
BETA	0.132*** (2.992)	0.019** (2.159)	0.114*** (3.206)	0.130*** (3.005)	0.019** (2.166)	0.112*** (3.221)
STDERET	-0.384 (-0.248)	-0.099 (-0.380)	-0.322 (-0.210)	-0.444 (-0.286)	-0.106 (-0.410)	-0.374 (-0.244)
LOSS	-0.034** (-2.348)	-0.005** (-2.421)	-0.028** (-1.982)	-0.035** (-2.518)	-0.006** (-2.478)	-0.030** (-2.125)
ROA	0.306** (2.459)	-0.002 (-0.062)	0.315*** (2.617)	0.312** (2.527)	-0.001 (-0.028)	0.320*** (2.693)
SOE	-0.033* (-1.706)	-0.011*** (-3.056)	-0.019 (-1.045)	-0.031* (-1.684)	-0.011*** (-3.093)	-0.018 (-0.987)
R&D	1.248** (2.370)	0.293** (2.443)	0.965* (1.920)	1.294** (2.490)	0.295** (2.451)	1.010** (2.041)
COMPETITION	0.088*** (4.275)	0.005 (0.983)	0.084*** (4.558)	0.089*** (4.301)	0.006 (1.009)	0.085*** (4.582)
MANAOWN	0.273*** (5.218)	0.019** (2.016)	0.256*** (5.206)	0.275*** (5.342)	0.020** (2.035)	0.258*** (5.359)
FSEO	0.016*** (4.930)	0.003 (1.236)	0.014*** (3.254)	0.016*** (6.426)	0.002 (1.257)	0.014*** (3.593)
SIZE	-0.009 (-0.737)	0.000 (0.183)	-0.009 (-0.799)	-0.015 (-1.176)	-0.000 (-0.074)	-0.014 (-1.231)
MB	0.021 (0.415)	0.015 (1.545)	0.004 (0.078)	0.033 (0.684)	0.017* (1.677)	0.015 (0.326)

续表

variables	(1)	(2)	(3)	(4)	(5)	(6)
	SUPCHAIN	SUPPLIER	CUSTOMER	SUPCHAIN	SUPPLIER	CUSTOMER
LEVB	0.047 (1.126)	-0.019** (-2.088)	0.067 (1.615)	0.069* (1.666)	-0.017* (-1.778)	0.087** (2.109)
BIGTEN	0.017 (1.229)	0.005* (1.836)	0.012 (0.893)	0.012 (0.848)	0.004* (1.660)	0.007 (0.523)
ETR	-1.694*** (-2.582)	0.189 (1.258)	-1.977*** (-2.854)	-1.746*** (-2.635)	0.179 (1.201)	-2.018*** (-2.901)
LNANANUM	0.014 (1.483)	0.002 (0.869)	0.013 (1.287)	0.017* (1.760)	0.002 (1.034)	0.015 (1.519)
INDUSTRY	YES	YES	YES	YES	YES	YES
YEAR	YES	YES	YES	YES	YES	YES
Constant	-38.355*** (-8.692)	-0.551 (-0.572)	-37.765*** (-9.187)	-48.171*** (-12.273)	-1.805** (-2.188)	-46.318*** (-12.098)
Observations	10 788	10 788	10 788	10 788	10 788	10 788
AdjR - squared	0.261	0.070	0.268	0.263	0.070	0.270
F	64.69	28.87	63.19	62.93	27.33	61.36

注：括号内为 t 值，*、**、*** 分别表示在 10%、5%、1% 的水平上显著。

(三) 采用经年度行业调整的供应链风险信息披露

图 4-3 表明企业的供应链风险信息披露可能受行业影响，因此本书对供应链风险信息披露指标进行行业和年度的调整，再次检验横截面因素对企业供应链风险信息披露的影响。具体而言，本书将企业的 SUPCHAIN 指标减去同年度同行业 SUPCHAIN 指标的均值，得到经调整后的指标 SUPCHAIN_IND，然后重新采用模型（4.1）进行回归。同理，本书得到变量 SUPPLIER_IND 和 CUSTOMER_IND。表 4-10 列示了相应的回归结果，各横截面变量回归结果与表 4-5 高度一致，说明本书的回归结果较为稳健。

表 4-10　　稳健性检验——披露指标经年度行业调整

variables	(1) SUPCHAIN_IND	(2) SUPPLIER_IND	(3) CUSTOMER_IND	(4) SUPCHAIN_IND	(5) SUPPLIER_IND	(6) CUSTOMER_IND
LNGDP	0.044*** (4.614)	0.006*** (2.625)	0.039*** (4.363)			
EAST				0.095*** (5.365)	0.012*** (3.308)	0.082*** (4.860)
MIDDLE				0.016 (0.806)	0.004 (0.995)	0.010 (0.543)
NORTHEAST				0.058* (1.737)	0.011 (1.621)	0.044 (1.403)
BETA	0.116*** (2.672)	0.017** (2.052)	0.099*** (2.815)	0.115*** (2.683)	0.017** (2.068)	0.098*** (2.822)
STDERET	-1.480 (-0.974)	-0.155 (-0.587)	-1.348 (-0.926)	-1.538 (-1.003)	-0.162 (-0.617)	-1.398 (-0.954)
LOSS	-0.039*** (-2.844)	-0.006*** (-2.618)	-0.033** (-2.377)	-0.041*** (-3.045)	-0.006*** (-2.677)	-0.034** (-2.543)
ROA	0.285** (2.256)	-0.003 (-0.086)	0.295** (2.487)	0.293** (2.325)	-0.002 (-0.054)	0.302** (2.567)
SOE	-0.030 (-1.565)	-0.010*** (-2.920)	-0.018 (-0.928)	-0.029 (-1.549)	-0.010*** (-2.933)	-0.016 (-0.883)
R&D	1.344** (2.475)	0.275** (2.294)	1.072** (2.053)	1.387*** (2.579)	0.278** (2.310)	1.112** (2.158)
COMPETITION	0.086*** (3.388)	-0.001 (-0.238)	0.090*** (4.104)	0.088*** (3.452)	-0.001 (-0.208)	0.092*** (4.163)
MANAOWN	0.302*** (5.804)	0.019** (1.990)	0.286*** (5.916)	0.304*** (5.914)	0.019** (2.002)	0.287*** (6.065)
FSEO	0.018*** (5.649)	0.002 (0.809)	0.017*** (3.590)	0.018*** (7.443)	0.002 (0.851)	0.017*** (3.859)

续表

variables	(1) SUPCHAIN_IND	(2) SUPPLIER_IND	(3) CUSTOMER_IND	(4) SUPCHAIN_IND	(5) SUPPLIER_IND	(6) CUSTOMER_IND
SIZE	-0.016 (-1.234)	-0.000 (-0.009)	-0.015 (-1.304)	-0.021* (-1.650)	-0.001 (-0.271)	-0.020* (-1.710)
MB	-0.018 (-0.341)	0.014 (1.386)	-0.033 (-0.645)	-0.007 (-0.136)	0.015 (1.511)	-0.023 (-0.461)
LEVB	0.030 (0.751)	-0.017* (-1.943)	0.048 (1.225)	0.051 (1.286)	-0.015 (-1.627)	0.067* (1.710)
BIGTEN	0.015 (1.135)	0.005* (1.933)	0.010 (0.781)	0.011 (0.774)	0.005* (1.749)	0.006 (0.431)
ETR	-1.708*** (-2.668)	0.160 (1.037)	-1.958*** (-2.850)	-1.770*** (-2.742)	0.151 (0.985)	-2.008*** (-2.910)
LNANANUM	0.020** (2.218)	0.002 (1.046)	0.018** (1.990)	0.022** (2.516)	0.002 (1.234)	0.020** (2.233)
INDUSTRY	YES	YES	YES	YES	YES	YES
YEAR	YES	YES	YES	YES	YES	YES
Constant	-0.167 (-0.560)	-0.056 (-1.141)	-0.124 (-0.462)	0.264 (0.965)	-0.004 (-0.089)	0.256 (1.049)
Observations	10 788	10 788	10 788	10 788	10 788	10 788
Adj R-squared	0.041	0.013	0.036	0.044	0.014	0.039
F	10.43	3.963	9.370	10.77	4.338	9.587

注：括号内为t值，*、**、***分别表示在10%、5%、1%的水平上显著。

(四) 采用是否披露供应链风险信息变量

最后，我们采用企业是否披露供应链风险信息等虚拟变量衡量企业的披露情况。具体而言，我们采用三个指标：(1) SUPCHAIN_DUM，企业披露供应链风险信息时（即SUPCHAIN大于0时）取1，否则为0；(2) SUPPLIER_DUM，企业披露供应商风险信息时（即SUPPLIER大于0时）取1，否则为0；(3) CUSTOMER_DUM，企业披露客户风险信息时（即CUSTOMER大于0时）取1，否则为0。表4-11中为相应的logit模型回归结果，回归系数经行业和年度双重聚类调整，结果与本书主回归结果一致，说明本书结果较为稳健。

表4-11　　稳健性检验——采用是否披露供应链风险信息变量

variables	(1) SUPCHAIN_DUM	(2) SUPPLIER_DUM	(3) CUSTOMER_DUM	(4) SUPCHAIN_DUM	(5) SUPPLIER_DUM	(6) CUSTOMER_DUM
LNGDP	0.166*** (2.761)	0.172*** (2.969)	0.157*** (2.767)			
EAST				0.278** (2.141)	0.301*** (3.122)	0.285** (2.368)
MIDDLE				0.050 (0.376)	0.065 (0.601)	0.088 (0.683)
NORTHEAST				-0.026 (-0.149)	0.014 (0.069)	0.021 (0.119)
TREND	0.094*** (9.019)	0.011 (0.793)	0.101*** (9.889)	0.114*** (15.735)	0.032*** (3.004)	0.120*** (16.867)
BETA	0.347** (2.417)	0.426*** (2.861)	0.321** (2.460)	0.339** (2.432)	0.422*** (2.871)	0.315** (2.497)
STDERET	-3.268 (-0.469)	-2.090 (-0.437)	-3.762 (-0.542)	-3.410 (-0.482)	-2.150 (-0.460)	-3.883 (-0.553)
LOSS	-0.373*** (-4.649)	-0.257*** (-4.323)	-0.387*** (-4.108)	-0.379*** (-4.712)	-0.262*** (-4.428)	-0.392*** (-4.183)
ROA	1.035* (1.673)	-0.302 (-0.285)	0.862 (1.330)	1.066* (1.703)	-0.267 (-0.250)	0.901 (1.383)
SOE	-0.146* (-1.798)	-0.287*** (-3.035)	-0.127 (-1.506)	-0.147* (-1.772)	-0.291*** (-3.002)	-0.129 (-1.462)
R&D	13.484*** (3.379)	4.078* (1.746)	9.870** (2.547)	13.676*** (3.430)	4.099* (1.739)	9.969*** (2.581)

续表

variables	(1) SUPCHAIN_DUM	(2) SUPPLIER_DUM	(3) CUSTOMER_DUM	(4) SUPCHAIN_DUM	(5) SUPPLIER_DUM	(6) CUSTOMER_DUM
COMPETITION	0.354 (1.142)	-0.234 (-1.584)	0.368 (1.357)	0.368 (1.194)	-0.224 (-1.516)	0.381 (1.414)
MANAOWN	1.648*** (4.842)	0.279 (1.345)	1.476*** (4.624)	1.670*** (4.955)	0.294 (1.392)	1.492*** (4.731)
FSEO	0.156* (1.734)	0.108** (2.199)	0.133* (1.818)	0.149 (1.602)	0.106** (2.188)	0.127* (1.662)
SIZE	0.001 (0.019)	0.007 (0.134)	-0.003 (-0.046)	-0.014 (-0.210)	-0.006 (-0.114)	-0.017 (-0.272)
MB	0.698*** (2.713)	0.425* (1.710)	0.658*** (2.606)	0.743*** (2.949)	0.458* (1.828)	0.694*** (2.814)
LEVB	-0.325 (-1.609)	-0.289 (-1.242)	-0.343 (-1.607)	-0.251 (-1.207)	-0.235 (-1.006)	-0.275 (-1.245)
BIGTEN	0.054 (0.660)	0.209*** (3.421)	0.051 (0.577)	0.034 (0.404)	0.191*** (3.112)	0.034 (0.372)
ETR	-5.457* (-1.913)	1.838 (0.356)	-6.124** (-2.019)	-5.322* (-1.820)	1.530 (0.296)	-6.119** (-1.974)
LNANANUM	0.085** (2.033)	0.096** (2.564)	0.082** (2.268)	0.092** (2.186)	0.102*** (2.698)	0.087** (2.414)
INDUSTRY	YES	YES	YES	YES	YES	YES
YEAR	YES	YES	YES	YES	YES	YES
Constant	-189.752*** (-9.250)	-27.502 (-0.969)	-203.965*** (-10.088)	-227.586*** (-15.752)	-67.044*** (-3.151)	-239.951*** (-16.868)
Observations	10 775	10 784	10 775	10 775	10 784	10 775
Chi^2	1 046.2	824.45	1 068.51	1 059.51	828.74	1 081.92
Pseudo R^2	0.12	0.08	0.12	0.12	0.08	0.11

注：括号内为 z 值，*、**、*** 分别表示在 10%、5%、1% 的水平上显著。

第五节 研究结论

本章从企业特征和外部环境特征两个维度检验了所选变量与供应链风险信息披露的关系，并探讨了该部分信息披露的时间趋势。研究发现企业特征方面，供应链风险信息披露与企业历史系统性风险、ROA、研发支出、竞争程度、管理层持股、SEO 动机显著正相关，与企业损失、国有产权性质显著负相关；外部环境方面，企业供应链风险信息披露与企业所在省份 GDP 显著正相关，并且东部地区企业的供应链风险信息披露更多；时间趋势方面，2007～2016 年企业的供应链风险信息披露呈上涨趋势。这些结果说明企业特征、外部环境以及时间趋势均会影响企业的供应链风险信息披露行为。

本书首次利用文本分析方法提取企业的供应链风险信息披露数据，研究方法具有一定的创新性。同时，从供应链文献角度看，本书探讨了专有化成本以外的因素对供应链信息披露的影响；从风险披露文献角度看，本书探讨了企业风险、法律风险、公司治理以及行业以外的因素对风险信息披露的影响。因此本书的研究角度具有一定的创新性，研究结论也对已有供应链文献和风险披露文献具有一定的补充作用。未来的研究方向可能在于聚焦企业特征、外部环境或时间趋势中的某一个因素，深入探讨其对供应链风险信息披露的影响；或者，利用事件研究法探讨其中特定因素对供应链风险信息披露的影响，解决可能存在的内生性问题。

第五章 供应链风险信息披露与企业未来业绩

第一节　引　　言

2007 年，《公开发行证券的公司信息披露内容与格式准则第 2 号——年度报告的内容与格式》开始要求企业在年报“管理层讨论与分析”中“未来展望”部分披露可能存在的风险。2012 年修改稿则明确指出企业应该披露可能存在的“原材料价格及供应风险、单一客户依赖风险”，说明监管者日益重视企业对于供应链类风险信息的披露。企业出于合规性考虑可能披露供应链风险信息，但也可能因为法律成本的上升而披露并无实际意义的供应链风险。例如，国外研究发现，SEC 强制要求风险披露以及 SEC 意见信会降低企业风险信息披露的信息含量（Beatty et al.，2015；Nelson and Pritchard，2016）。那么，我国企业对于供应链风险的披露是否具有信息含量？本章从企业供应链风险信息披露对未来业绩的预测性角度，探讨了供应链风险信息披露的信息含量。

本书选取 2007 ~ 2016 年中国 A 股上市公司数据，通过 Python 软件提取年报“管理层讨论与分析”中“未来展望”部分，并统计供应链类关键词所占比例，以此衡量企业未来供应链风险信息披露，进而探讨企业披露未来供应链风险对企业未来业绩及现金流的影响。(1) 企业未来 ROA 或现金流与企业披露的供应链风险无显著相关关系，但企业未来三年 ROA 及现金流波动性与企业披露的供应链风险显著负相关。这说明企业的供应链风险信息披露并不意味着未来业绩及现金流的降低，反而意味着未来经营稳定性的提高，说明我国企业的供应链风险信息披露具有信息含量。(2) 进一步研究中，本书探讨了企业供应链风险信息披露导致未来业绩及现金流波动性降低的原因。研究表明，企业披露的供应商（客户）风险信息越高，企业下一期供应商（客户）依赖度显著越低；供应链风险信息披露越多，企业下一期现金持有越多、现金股利支付越少。这些结果说明企业披露供应链风险信息后进行了相应的风险控制措施，包括降低对供应商或客户的依赖程度，以及持有更多现金、减少现金股利支付以预防供应链断裂。(3) 本章检验了企业披露供应链风险信息的市场反应，发现二者并无显著相关关系，说明市场上的投资者并未利用该部分信息。

本章研究可能存在以下贡献：（1）已有供应商或客户方面的研究主要从定量角度（供应商采购占比或客户销售占比）探讨了其对企业经营业绩或现金流的影响，本章则从定性角度（企业披露的供应链风险信息）进行探讨。供应商采购占比或客户销售占比越高，可能侧面反映企业对供应商或客户的依赖度越高；企业披露的供应链风险信息则从企业感知的角度衡量供应商或客户风险，并且该信息反映的是企业未来而非历史供应链风险。两者研究角度不同，定性信息的研究对于定量信息的研究具有一定的补充作用。（2）本书研究表明供应链风险信息披露与未来业绩或现金流无显著相关关系，但与未来业绩或现金流波动性显著负相关，说明该部分信息披露具有信息含量，并且该供应链信息披露并未因为竞争者的利用而对企业产生不利影响。（3）已有风险披露研究主要探讨了其对企业未来风险、资本成本及投资者反应的影响，并未探讨企业的风险应对措施，本章结合供应链特质，研究发现企业披露供应链风险信息后，从降低供应商和客户依赖度、提高现金持有以及减少现金股利支付方面进行了风险应对，对于已有风险披露文献具有一定的补充作用。

第二节 研究假设

首先，财务报告中大部分量化信息都是历史信息，而“管理层讨论与分析”中“未来展望”部分是关于企业未来的信息。这些未来信息可能对企业的未来业绩提供增量信息（Li，2006）。例如，李（2010）研究发现，美国年报和季报中“管理层讨论与分析”部分语调越积极，企业未来盈余水平越高；李（2006）的研究表明，企业在“管理层讨论与分析”部分对于风险披露的越多，企业未来的业绩越差。具体到“管理层讨论与分析”中“未来展望”部分的供应链风险信息披露，由于其涉及的是未来风险信息，可能预示着未来业绩与经营现金流的降低。因此，从供应链风险信息的“风险”属性角度出发，该部分信息披露可能与企业未来业绩或现金流负相关。

其次，从供应链信息角度看，供应链信息作为企业生产与经营的重要信息，其的披露可能被竞争者所利用，反而对企业本身不利（Bayer et al.，2017；Ellis et al.，2012）。比如，企业披露供应商或客户风险后，竞争者可能利用该信息对企业的供应商或客户做出更有针对性的策略，甚至进一步抢占企业的供应商或客户。另外，由于供应链风险信息的披露属于定性披露，且企业在披露过程中具有一定的选择性，最终选择被披露的供应链风险信息可能对竞争者作用不大，因此对企业的业绩或现金流可能并不会带来负面影响。例如，巴耶尔等（2017）发现企业年报中对于客户过去或未来价值的披露并未对企业未来现金流产生负面影响。因此，从信息披露对竞争者影响角度出发，供应链风险信息披露对企业未来业绩及现金流影响的方向是不确定的。

最后，从供应链风险信息披露的具体内容来看，2012 年《公开发行证券的公司信息披露内容与格式准则第 2 号——年度报告的内容与格式》指出，企业应该披露可能存在的“原材料价格及供应风险、单一客户依赖风险”，但企业对于供应商或客户的依赖与企业未来业绩或现金流的关系并不确定。已有供应链研究表明，当企业依赖重大供应商或客户时，可能损害企业的利益。例如，重要客户的议价能力较强，可能压低供应商价格，攫取企业利润（Gosman and Kohlbeck，2009）；失去重要客户或者重要客户发生财务危机或倒闭时，企业未来销售收入或现金流会受到负面影响（Itzkowitz，2013）。因此，当企业披露供应链风险信息时，可能意味着企业确实存在供应链风险，并导致未来业绩的下降和不稳定。但另一些研究表明，企业存在重要供应商或客户时，企业业绩可能更好，例如，基姆和亨德森（2015）发现企业供应商和客户的重要性与企业业绩 ROA、ROS（销售净利率）显著正相关，并且主要是通过提高 ATO（资产周转率）达到；陈正林等（2014）利用中国数据研究发现，当供应商或客户依赖度越高时，企业财务绩效越好，且主要是通过降低公司期间费用、提高资产使用效率，以及向上下游合作者部分让利等途径推动公司财务绩效的提高。因此，从供应链风险信息披露反映的供应商或客户依赖角度考虑，该部分信息的披露与企业未来业绩或现金流的关系不确定。根据以上分析，本书提出如下假设：

H1a：企业未来业绩或现金流与供应链风险信息披露正相关；

H1b：企业未来业绩或现金流与供应链风险信息披露负相关。

风险意味着不确定性。企业披露供应链风险可能意味着未来供应链关系的不确定性。企业一旦失去重要供应链关系，可能意味着未来业绩或现金流的降低（Itzkowitz，2013），导致未来业绩或现金流波动性的增加。但是，从信息披露的策略性角度考虑，企业披露供应链类风险也可能意味着企业已经深刻认识到该方面的问题。《公开发行证券的公司信息披露内容与格式准则第2号——年度报告的内容与格式》要求企业在披露风险时给出相应的具体应对措施。这就有利于企业认真考虑该风险，思考并披露相应的解决办法。并且，该部分信息披露也能吸引外部投资者及监管者的监督。企业披露供应链类风险及应对措施后，在外部的监督下更可能做出实际行动以减少该风险对企业的负面影响。这种情况下，企业的经营业绩及现金流的波动性可能不受影响，甚至受到正面影响。为此本书提出如下假设：

H2a：企业未来业绩或现金流波动性与供应链风险信息披露正相关；

H2b：企业未来业绩或现金流波动性与供应链风险信息披露负相关。

第三节　研究设计

一、样本筛选

本书选取2007～2016年中国A股上市公司数据，通过Python软件提取年报"管理层讨论与分析"中"未来展望"部分，得到文本17 347份并进行文本分析。本书财务类数据来自国泰安数据库，剔除同时发行B股样本670个、同时发行H股样本478个、金融行业样本176个，在剔除缺失值样本后最终得到10 429个公司年度样本，但在以未来三年ROA（或现金流）波动性作为被解释变量的模型中，由于需要未来三年的数据，样本量有所减少。本书对所有连续型变量进行上下1%的winsorize处理。

二、研究模型

$$
\begin{aligned}
PERFORMANCE_{t+1} = {} & \beta_0 + \beta_1 DISCLOSURESOE_t + \beta_2 MACRO_t \\
& + \beta_3 INDUSTRYRISK_t + \beta_4 OPERATE_t + \beta_5 FINANCE_t \\
& + \beta_6 SOE_t + \beta_7 SIZE_t + \beta_8 MB_t + \beta_9 LEVB_t \\
& + \beta_{10} BIGTEN_t + \beta_{11} ROA_t + \beta_{12} MANAOWN_t \\
& + \beta_{13} INSHR_t + \beta_{14} R\&D_t + \beta_{15} MONOPOLY_t \\
& + \sum YEAR + \sum INDUSTRY \qquad (5.1)
\end{aligned}
$$

模型（5.1）是本章的主要回归模型。其中，被解释变量为企业的未来业绩变量。本书采用四种方式衡量企业的未来业绩表现：（1）FROA，即企业 t+1 期的资产收益率，FROA 越高，表明企业 t+1 期业绩越好；（2）FCFO，即企业t+1 期的经营活动产生的现金流量净额占总资产比例，FCFO 越高，表明企业 t+1 期经营活动产生的现金流状况越好；（3）VROA，即企业 t+1 ~ t+3 年 ROA 波动率，该指标越大，表明企业未来三年经营业绩的不确定性越高；（4）VCFO，即企业 t+1 ~ t+3 年经营活动产生的现金流量净额占总资产比例波动率，该指标越大，表明企业未来三年经营现金流越不稳定。

模型（5.1）中主要解释变量为企业的供应链类风险信息披露变量 DISCLOSURE。本书采用三种方式衡量企业对供应链风险信息的披露：（1）SUPPLIER，即年报“董事会讨论与分析”中“未来展望”部分供应商类关键词字数总和占该部分总字数的比例。其中，供应商类关键词为“供应商”。（2）CUSTOMER，即年报“董事会讨论与分析”中“未来展望”部分客户类关键词字数总和占该部分总字数的比例。客户类关键词包括“客户”“用户”“服务”“专用性”。（3）SUPCHAIN，即 SUPPLIER 与 CUSTOMER 之和。供应商和客户类关键词的确定依据为：（1）根据克拉维和穆斯洛（2013）、坎贝尔等（2014）、穆斯洛等（2014）的主题词汇及主题分类，找到供应商和客户类关键词的中文对应词汇。（2）随机选取 100 份“重大风险提示”文本和 100 份“未来展望”文本，阅读并提取供应商或客户类关键词。

此外，本书在模型（5.1）中控制了其他变量，包括宏观风险信息披露比例

MACRO、行业风险信息披露比例 INDUSTRYRISK、经营风险信息披露比例 OPERATE、财务风险信息披露比例 FINANCE、产权性质 SOE、公司规模 SIZE、账面市值比 MB、账面资产负债率 LEVB、是否为十大审计 BIGTEN、管理层持股比例 MANAOWN、机构投资者持股比例 INSHR、研发支出占比变量 R&D、是否处于垄断行业 MONOPOLY，以及年度和行业虚拟变量，各变量具体计算方法见表 5-1 变量说明。本书对模型中各解释变量的标准误进行公司和年度双重聚类调整。

表 5-1　变量说明

variables	变量说明
FROA	企业 t+1 期的资产收益率
FCFO	企业 t+1 期的经营活动产生的现金流量净额占总资产比例
VROA	企业 t+1 ~ t+3 年 ROA 波动率
VCFO	企业 t+1 ~ t+3 年经营活动产生的现金流量净额占总资产比例的波动率
SUPCHAIN	年报“董事会讨论与分析”中“未来展望”部分有关供应链的内容比例 = SUPPLIER + CUSTOMER
SUPPLIER	年报“董事会讨论与分析”中“未来展望”部分有关供应商的内容比例 = “未来展望”部分供应商类关键词字数总和 ÷ “未来展望”部分总字数 × 100。供应商类关键词为“供应商”
CUSTOMER	年报“董事会讨论与分析”中“未来展望”部分有关客户的内容比例 = “未来展望”部分客户类关键词字数总和 ÷ “未来展望”部分总字数 × 100。客户类关键词为“客户，用户，服务，专用性”
NW	年报“董事会讨论与分析”中“未来展望”部分字数
MACRO	年报“董事会讨论与分析”中“未来展望”部分有关宏观风险披露的比例 = “未来展望”部分宏观类关键词字数总和 ÷ “未来展望”部分总字数 × 100
INDUSTRYRISK	年报“董事会讨论与分析”中“未来展望”部分有关行业风险披露的比例 = “未来展望”部分行业类关键词字数总和 ÷ “未来展望”部分总字数 × 100
OPERATE	年报“董事会讨论与分析”中“未来展望”部分有关经营风险披露的比例 = “未来展望”部分经营类关键词字数总和 ÷ “未来展望”部分总字数 × 100

续表

variables	变量说明
FINANCE	年报“董事会讨论与分析”中“未来展望”部分有关财务风险披露的比例 = “未来展望”部分财务类关键词字数总和 ÷ “未来展望”部分总字数 × 100
SOE	国有企业取 1，非国有企业取 0
SIZE	总资产的对数
MB	账面市值比
LEVB	账面资产负债率
BIGTEN	十大审计取 1，非十大审计取 0
ROA	资产回报率
MANAOWN	管理层持股比例
INSHR	机构投资者持股比例
R&D	R&D 占比 = 开发支出本期发生额 ÷ 营业总收入
MONOPOLY	企业处于垄断行业取 1，否则为 0。根据岳希明和蔡萌（2015），本书将垄断行业限定为金融业（J）、电信、广播电视和卫星传输服务业（I63）、邮政业（G60）、航空运输业（G56）、水上运输业（G55）、铁路运输业（G53）、电力燃气及水的生产和供应业（D 电力、热力、燃气及水生产和供应业）、石油和天然气开采业（B07）、石油加工炼焦及核燃料加工业（C25）、烟草制品业（C16），括号中为 2012 年证监会行业代码
RS_SUPCHAIN	超额供应链风险信息披露，即根据第四章模型（4.1）计算得到的残差
CAR_22	年报披露［-2，2］事件窗口期的累计超额回报率。其中，估计期为年报披露前［-202，-3］，估计模型为市场模型
DNI	DNI = 本期 NI - 上期 NI。NI =（净利润 - 非经常性损益）÷ 期初市值
ACC	应计比例 =（净利润 - 经营活动产生的现金流）÷［（期初总资产 + 期末总资产）÷ 2］
LOSS	本期 NI 小于 0 取 1，否则为 0
LNANANUM	当年度分析师跟随人数的自然对数
YEAR	年度虚拟变量。样本年份为 2007 ~ 2016 年，因此共 9 个年度虚拟变量
INDUSTRY	行业虚拟变量。行业根据证监会 2012 年行业分类进行划分，制造业取前两位代码，其他行业取首位代码，共 20 个行业虚拟变量

第四节 实证结果

一、描述性统计与相关系数分析

表5-2为本章节变量描述性统计。从描述性统计看，企业ROA均值为0.037，经营活动产生的现金流占总资产比例（CFO）平均为0.043。企业未来三年ROA波动率平均为0.029，未来三年CFO波动率平均为0.048。供应链风险信息披露比例平均为0.464%，其中供应商风险信息披露比例平均为0.043%，客户风险信息披露比例平均为0.418%，说明企业对于客户方面的披露多于对供应商方面的披露。宏观风险信息披露比例平均为3.689%，行业风险信息披露比例平均为1.152%，经营风险信息披露比例平均为9.891%，财务风险信息披露比例平均为2.466%。

此外，我国A股上市公司"管理层讨论与分析"中"未来展望"部分平均字数达到2 827字，最少27字，最多11 572字，标准差较大，说明各公司对于本部分的披露容量差异较大。样本中51.2%的企业为国有企业，6.9%的企业处于垄断行业。企业账面市值比平均为0.537，资产负债率平均为0.480。样本中43.1%的企业由十大审计事务所审计。管理层持股比例平均为7.1%，最高则达到64.9%；机构投资者持股比例平均为4.596%，最高为21.81%。

表5-3根据SUPCHAIN、SUPPLIER和CUSTOMER同行业同年度均值将样本划分为两组，并对企业下一年度的ROA（CFO）和未来三年ROA（CFO）波动性进行均值检验。从表5-3 Panel A来看，SUPCHAIN较大组的下一期ROA均值显著更高，未来三年ROA波动率均值显著更低；下一期现金流均值显著更高，未来三年现金流波动率均值显著更低。这说明当企业t期披露更多供应链风险信息时，其下期ROA和现金流更高，未来经营的不确定性更低。Panel B和Panel C是分别按照SUPPLIER和CUSTOMER进行分组的均值差异检验结果，结

果与 Panel A 一致。

表 5-2　　　　描述性统计

variables	N	mean	p50	sd	min	max
ROA	10 429	0.037	0.033	0.058	-0.184	0.216
CFO	10 429	0.043	0.043	0.076	-0.199	0.255
FROA	8 975	0.035	0.031	0.059	-0.200	0.214
FCFO	8 975	0.042	0.041	0.076	-0.204	0.256
VROA	7 931	0.029	0.015	0.042	0	0.273
VCFO	7 931	0.048	0.035	0.046	0.002	0.270
SUPCHAIN	10 429	0.464	0.306	0.509	0	2.431
SUPPLIER	10 429	0.043	0	0.097	0	0.514
CUSTOMER	10 429	0.418	0.263	0.484	0	2.353
MACRO	10 429	3.689	3.558	1.739	0	8.587
INDUSTRYRISK	10 429	1.152	1.066	0.709	0	3.356
OPERATE	10 429	9.891	9.976	2.607	0	15.892
FINANCE	10 429	2.466	2.024	1.680	0.149	8.333
NW	10 429	2 827.120	2 409.000	1 951.959	27.000	11 572.000
SOE	10 429	0.512	1.000	0.500	0	1.000
SIZE	10 429	21.985	21.895	1.154	19.305	25.181
MB	10 429	0.537	0.514	0.244	0.088	1.091
LEVB	10 429	0.480	0.482	0.210	0.066	0.983
BIGTEN	10 429	0.431	0	0.495	0	1.000
MANAOWN	10 429	0.071	0	0.154	0	0.649
INSHR	10 429	4.596	2.970	4.911	0	21.810
R&D	10 429	0.005	0	0.014	0	0.089
MONOPOLY	10 429	0.069	0	0.254	0	1.000
CAR_22	7 702	-0.033	-0.034	0.058	-0.186	0.140
DNI	7 702	-0.002	-0.002	0.024	-0.094	0.091
ACC	7 702	-0.009	-0.010	0.039	-0.134	0.120
LOSS	7 702	0.183	0	0.387	0	1.000
LNANANUM	7 702	1.546	1.609	1.128	0	3.638

资料来源：笔者根据相关资料整理。

表5-3 **均值检验**

Panel A 均值检验——按照 SUPCHAIN 均值分组

Variables	SUPCHIAN 较小		SUPCHAIN 较大		差异
	样本量	均值	样本量	均值	
FROA	5 567	0. 032	3 408	0. 039	-0. 008***
FCFO	5 567	0. 040	3 408	0. 045	-0. 004***
VROA	4 947	0. 031	2 984	0. 026	0. 005***
VCFO	4 947	0. 050	2 984	0. 045	0. 004***

Panel B 均值检验——按照 SUPPLIER 均值分组

Variables	SUPPLIER 较小		SUPPLIER 较大		差异
	样本量	均值	样本量	均值	
FROA	7 007	0. 034	1 968	0. 038	-0. 005***
FCFO	7 007	0. 041	1 968	0. 045	-0. 004*
VROA	6 233	0. 030	1 698	0. 026	0. 004***
VCFO	6 233	0. 050	1 698	0. 042	0. 008***

Panel C 均值检验——按照 CUSTOMER 均值分组

Variables	CUSTOMER 较小		CUSTOMER 较大		差异
	样本量	均值	样本量	均值	
FROA	5 657	0. 032	3 318	0. 039	-0. 006***
FCFO	5 657	0. 041	3 318	0. 044	-0. 003**
VROA	5 024	0. 031	2 907	0. 026	0. 004***
VCFO	5 024	0. 050	2 907	0. 045	0. 004***

注：*、**、*** 分别表示在 10%、5%、1% 的水平上显著。

表5-4 为主要变量的相关系数分析。其中，SUPCHAIN、SUPPLIER 和 CUSTOMER 均与 t+1 期 ROA、t+1 期 CFO 显著正相关，但与 VROA、VCFO 显著负相关。SUPPLIER 与 CUSTOMER 的相关系数为0. 114 且显著，说明企业在披露供应商风险信息和客户风险信息时具有联动性。SUPCHAIN 与 SUPPLIER 的相关系数为0. 319，与 CUSTOMER 的相关系数为0. 975，说明 SUPCHAIN 指标主要

受 CUSTOMER 影响，这主要是因为企业披露了更多客户风险信息。此外，SUPCHAIN、SUPPLIER 和 CUSTOMER 与其他解释变量的相关系数最高为 0.199，说明模型（5.1）中的主要解释变量与其他解释变量不存在严重共线性问题。

表 5-4 相关系数分析

variables	FROA	VROA	FCFO	VCFO	SUPCHAIN	SUPPLIER	CUSTOMER
FROA	1.000						
VROA	-0.297***	1.000					
FCFO	0.348***	-0.103***	1.000				
VCFO	-0.093***	0.319***	-0.094***	1.000			
SUPCHAIN	0.077***	-0.074***	0.033***	-0.077***	1.000		
SUPPLIER	0.037***	-0.034***	0.021**	-0.069***	0.319***	1.000	
CUSTOMER	0.071***	-0.070***	0.029***	-0.066***	0.975***	0.114***	1.000
SOE	-0.088***	-0.079***	0.001	-0.077***	-0.124***	-0.106***	-0.107***
SIZE	0.020*	-0.249***	0.034***	-0.176***	0.000	-0.004	0.002
MB	-0.247***	-0.177***	-0.037***	-0.085***	-0.104***	-0.019*	-0.105***
LEVB	-0.287***	0.098***	-0.146***	0.148***	-0.127***	-0.075***	-0.117***
BIGTEN	0.049***	-0.026**	0.024**	-0.050***	0.019*	0.040***	0.012
ROA	0.545***	-0.235***	0.217***	-0.124***	0.088***	0.040***	0.083***
MANAOWN	0.098***	-0.002	0.019*	-0.040***	0.199***	0.120***	0.184***
INSHR	0.242***	-0.107***	0.094***	-0.091***	0.036***	0.014	0.035***
R&D	0.025**	-0.030***	-0.021*	-0.089***	0.141***	0.083***	0.132***
MONOPOLY	-0.011	-0.009	0.099***	-0.060***	-0.017*	-0.044***	-0.008

注：*、**、*** 分别表示在 10%、5% 和 1% 的水平上显著。

二、回归结果

表 5-5 为供应链风险信息披露与企业未来业绩表现的回归结果。其中，第（1）~（3）列被解释变量为企业 t+1 期资产负债率（FROA），第（4）~（5）列被解释变量为企业 t+1 期企业经营性现金流占总资产比例（FCFO）。从回归结果看，SUPCHAIN 与 FRAO、FCFO 无显著相关关系，SUPPLIER 和 CUSTOMER

的回归结果与其基本一致，说明企业的供应链风险信息披露并不意味着未来业绩或经营现金流的降低。

表 5－5　　供应链风险信息披露与未来业绩

variables	(1)	(2)	(3)	(4)	(5)	(6)
	FROA	FROA	FROA	FCFO	FCFO	FCFO
SUPCHAIN	0.002 (1.444)			0.001 (0.450)		
SUPPLIER		0.010* (1.711)			0.011 (1.533)	
CUSTOMER			0.001 (1.110)			0.000 (0.174)
MACRO	0.000 (0.114)	0.000 (0.031)	0.000 (0.093)	−0.000 (−0.636)	−0.000 (−0.689)	−0.000 (−0.660)
INDUSTRYRISK	−0.001 (−1.639)	−0.001 (−1.566)	−0.001* (−1.650)	−0.005*** (−3.386)	−0.005*** (−3.369)	−0.005*** (−3.377)
OPERATE	−0.000 (−0.893)	−0.000 (−0.830)	−0.000 (−0.856)	−0.001*** (−2.997)	−0.001*** (−2.871)	−0.001*** (−2.982)
FINANCE	−0.001*** (−3.692)	−0.001*** (−3.586)	−0.001*** (−3.741)	−0.003*** (−3.354)	−0.003*** (−3.386)	−0.003*** (−3.372)
SOE	−0.003*** (−2.967)	−0.003*** (−2.935)	−0.003*** (−3.019)	−0.002 (−1.071)	−0.002 (−1.037)	−0.002 (−1.087)
SIZE	0.008*** (9.916)	0.008*** (9.864)	0.008*** (9.895)	0.003 (1.605)	0.003 (1.593)	0.003 (1.604)
MB	−0.056*** (−13.774)	−0.056*** (−13.938)	−0.056*** (−13.725)	0.002 (0.240)	0.002 (0.221)	0.002 (0.249)
LEVB	−0.026*** (−4.029)	−0.026*** (−3.973)	−0.026*** (−4.023)	−0.021*** (−3.535)	−0.021*** (−3.466)	−0.021*** (−3.527)
BIGTEN	0.002 (1.323)	0.002 (1.314)	0.002 (1.332)	0.004** (2.271)	0.004** (2.269)	0.004** (2.278)
ROA	0.414*** (16.998)	0.414*** (16.951)	0.414*** (17.013)	0.218*** (7.124)	0.218*** (7.044)	0.218*** (7.139)

续表

variables	(1)	(2)	(3)	(4)	(5)	(6)
	FROA	FROA	FROA	FCFO	FCFO	FCFO
MANAOWN	0.008* (1.920)	0.008* (1.921)	0.008** (1.962)	-0.005 (-0.667)	-0.005 (-0.675)	-0.005 (-0.630)
INSHR	0.001*** (4.909)	0.001*** (4.926)	0.001*** (4.912)	0.001** (2.397)	0.001** (2.394)	0.001** (2.397)
R&D	-0.088*** (-2.845)	-0.089*** (-2.916)	-0.087*** (-2.805)	-0.164*** (-2.726)	-0.166*** (-2.766)	-0.163*** (-2.711)
MONOPOLY	-0.012*** (-3.299)	-0.012*** (-3.329)	-0.012*** (-3.298)	-0.001 (-0.185)	-0.001 (-0.210)	-0.001 (-0.188)
INDUSTRY	YES	YES	YES	YES	YES	YES
YEAR	YES	YES	YES	YES	YES	YES
Constant	-0.092*** (-5.560)	-0.091*** (-5.482)	-0.092*** (-5.534)	0.017 (0.418)	0.018 (0.438)	0.017 (0.425)
Observations	8 975	8 975	8 975	8 975	8 975	8 975
Adj R - squared	0.347	0.347	0.347	0.114	0.114	0.114
F	88.07	88.65	87.97	26.04	26.11	26.00

注：*、**、*** 分别表示在 10%、5% 和 1% 的水平上显著。

表 5 -6 为供应链风险信息披露与企业未来业绩波动性的回归结果。其中，第（1）~（3）列被解释变量为企业 t + 1 ~ t + 3 年资产负债率的波动率（VROA），第（4）~（6）列被解释变量为企业 t + 1 ~ t + 3 年经营性现金流占总资产比例的波动率（VCFO）。从回归结果看，SUPCHAIN、CUSTOMER 与企业未来三年 ROA 的波动性显著负相关，说明企业的供应链风险信息披露，特别是客户风险信息披露并未预示未来业绩波动性的提高，反而意味着未来业绩波动性的降低。SUPCHAIN、SUPPLIER 和 VCFO 显著负相关，说明企业的供应链风险信息，特别是供应商风险信息披露意味着未来现金流波动性的降低。这些结果表明企业的供应链风险信息披露能够预测企业未来业绩波动性的降低，具有信息含量。

表 5-6　　供应链风险信息披露与未来业绩的波动性

variables	(1)	(2)	(3)	(4)	(5)	(6)
	VROA	VROA	VROA	VCFO	VCFO	VCFO
SUPCHAIN	-0.004**			-0.003*		
	(-2.077)			(-1.699)		
SUPPLIER		-0.007			-0.015***	
		(-0.952)			(-2.926)	
CUSTOMER			-0.004**			-0.002
			(-2.057)			(-1.210)
MACRO	0.000	0.000	0.000	-0.000	0.000	-0.000
	(0.080)	(0.264)	(0.073)	(-0.040)	(0.110)	(-0.013)
INDUSTRYRISK	-0.000	-0.000	-0.000	-0.001	-0.001	-0.001
	(-0.099)	(-0.102)	(-0.062)	(-1.214)	(-1.364)	(-1.182)
OPERATE	0.001***	0.001***	0.001***	0.001*	0.001*	0.001*
	(3.046)	(2.813)	(3.036)	(1.822)	(1.711)	(1.776)
FINANCE	0.001	0.001*	0.001	0.002***	0.002***	0.002***
	(1.295)	(1.688)	(1.288)	(4.769)	(5.114)	(4.782)
SOE	-0.004***	-0.004***	-0.004***	-0.006***	-0.006***	-0.006***
	(-2.627)	(-2.634)	(-2.608)	(-3.313)	(-3.381)	(-3.287)
SIZE	-0.005***	-0.005***	-0.005***	-0.006***	-0.006***	-0.006***
	(-5.413)	(-5.446)	(-5.400)	(-6.913)	(-6.817)	(-6.890)
MB	-0.036***	-0.036***	-0.036***	-0.020***	-0.020***	-0.020***
	(-7.417)	(-7.397)	(-7.423)	(-4.613)	(-4.644)	(-4.653)
LEVB	0.033***	0.033***	0.033***	0.040***	0.040***	0.040***
	(3.513)	(3.478)	(3.519)	(7.689)	(7.616)	(7.716)
BIGTEN	0.000	0.000	0.000	-0.002*	-0.002*	-0.002*
	(0.022)	(0.018)	(0.015)	(-1.697)	(-1.684)	(-1.702)
ROA	-0.133***	-0.134***	-0.133***	-0.019	-0.019	-0.019
	(-4.921)	(-5.018)	(-4.934)	(-1.337)	(-1.339)	(-1.364)
MANAOWN	-0.001	-0.002	-0.001	-0.005	-0.005	-0.005
	(-0.184)	(-0.321)	(-0.206)	(-0.979)	(-1.033)	(-1.045)

续表

variables	(1)	(2)	(3)	(4)	(5)	(6)
	VROA	VROA	VROA	VCFO	VCFO	VCFO
INSHR	-0.000*** (-2.802)	-0.000*** (-2.856)	-0.000*** (-2.804)	-0.000*** (-3.109)	-0.000*** (-3.120)	-0.000*** (-3.117)
R&D	-0.073* (-1.878)	-0.076* (-1.917)	-0.074* (-1.908)	-0.156*** (-3.850)	-0.154*** (-3.754)	-0.157*** (-3.862)
MONOPOLY	0.017*** (3.094)	0.017*** (3.101)	0.017*** (3.082)	0.011** (2.202)	0.011** (2.221)	0.011** (2.203)
INDUSTRY	YES	YES	YES	YES	YES	YES
YEAR	YES	YES	YES	YES	YES	YES
Constant	0.142*** (7.924)	0.140*** (8.024)	0.142*** (7.915)	0.193*** (11.442)	0.191*** (11.216)	0.192*** (11.399)
Observations	7 931	7 931	7 931	7 931	7 931	7 931
Adj R - squared	0.165	0.164	0.165	0.136	0.136	0.136
F	20.82	20.67	20.83	19.87	20.05	19.87

注：括号内为 t 值，*、**、*** 分别表示在 10%、5%、1% 的水平上显著。

三、稳健性检验

（一）采用供应链风险信息披露字数

表 5-5 和表 5-6 中我们主要采用供应链风险信息披露字数占比衡量该类信息的披露情况，但是该指标可能受到企业披露语言冗余度的影响。例如，对于供应链风险信息披露相同的公司，公司的“未来展望”部分内容越长，供应链风险信息披露占比越低。对此，我们在稳健性检验中借鉴坎贝尔等（2014）的做法，采用供应链风险信息披露字数衡量该部分信息的多少。具体而言，我们设置变量 LNLSUPCHAIN，即“未来展望”部分供应链关键词字数总计的自然对数。由于 LNLSUPCHAIN 根据字数计算，我们在模型中不再控制其他风险信息披露占比指标。表 5-7 报告了相应结果，LNLSUPCHAIN 与 FROA、FCFO 无显著

相关关系，与 VROA、VCFO 均显著负相关，说明企业“未来展望”部分出现的供应链关键词越多，未来业绩和现金流波动性显著越低，回归结果与表 5－5 和表 5－6 一致，说明本书回归结果较为稳健。

表 5－7　　　　稳健性检验——供应链风险信息披露字数

variables	(1)	(2)	(3)	(4)
	FROA	FCFO	VROA	VCFO
LNLSUPCHAIN	0.001 (1.460)	－0.000 (－0.102)	－0.002*** (－3.431)	－0.002*** (－4.122)
SOE	－0.003*** (－2.750)	－0.002 (－0.910)	－0.004*** (－2.728)	－0.006*** (－3.519)
SIZE	0.008*** (9.502)	0.003* (1.899)	－0.005*** (－5.528)	－0.007*** (－7.272)
MB	－0.056*** (－13.580)	0.001 (0.093)	－0.035*** (－7.384)	－0.018*** (－4.274)
LEVB	－0.027*** (－4.120)	－0.023*** (－3.972)	0.033*** (3.564)	0.041*** (7.803)
BIGTEN	0.002 (1.290)	0.004** (2.283)	0.000 (0.062)	－0.002 (－1.619)
ROA	0.415*** (16.637)	0.223*** (7.312)	－0.134*** (－4.802)	－0.021 (－1.482)
MANAOWN	0.008** (2.040)	－0.003 (－0.364)	－0.001 (－0.125)	－0.005 (－0.968)
INSHR	0.001*** (4.913)	0.001** (2.405)	－0.000*** (－2.771)	－0.000*** (－3.071)
R&D	－0.085*** (－2.836)	－0.157*** (－2.594)	－0.076* (－1.941)	－0.164*** (－3.815)
MONOPOLY	－0.011*** (－3.252)	－0.000 (－0.053)	0.017*** (3.096)	0.011** (2.265)
INDUSTRY	YES	YES	YES	YES
YEAR	YES	YES	YES	YES

续表

variables	(1) FROA	(2) FCFO	(3) VROA	(4) VCFO
Constant	-0.103*** (-5.672)	-0.016 (-0.434)	0.156*** (8.838)	0.212*** (11.848)
Observations	8 975	8 975	7 931	7 931
AdjR-squared	0.347	0.110	0.165	0.135
F	96.87	27.31	22.04	21.83

注：括号内为t值，*、**、***分别表示在10%、5%、1%的水平上显著。

（二）采用超额供应链风险信息披露

本书第四章表明企业的供应链风险信息披露受到企业内外部因素的影响，那么表5-5和表5-6中供应链风险信息披露与ROA、现金流的关系可能并非供应链风险信息披露所致，而是企业特征或其他外部环境特征所致，为此，本书借鉴坎贝尔等（2014）的做法，首先利用SUPCHAIN对第四章模型（4.1）进行回归，得到的残差即为超额供应链风险信息披露，记为RS_SUPCHAIN。然后将RS_SUPCHAIN作为主要解释变量对模型（5.1）进行回归。表5-8列示了相应结果，回归结果与表5-5和表5-6基本一致，说明本书的回归结果较为稳健。

表5-8　　　　稳健性检验——超额供应链风险信息披露

variables	(1) FROA	(2) FCFO	(3) VROA	(4) VCFO
RS_SUPCHAIN	0.002 (1.591)	0.000 (0.060)	-0.003* (-1.840)	-0.003* (-1.925)
MACRO	-0.000 (-0.358)	-0.001 (-0.855)	0.000 (0.221)	0.000 (0.194)
INDUSTRYRISK	-0.001 (-1.002)	-0.005*** (-3.193)	-0.000 (-0.113)	-0.001 (-1.374)
OPERATE	-0.000 (-1.036)	-0.001*** (-2.797)	0.001*** (2.984)	0.000* (1.712)

续表

variables	(1)	(2)	(3)	(4)
	FROA	FCFO	VROA	VCFO
FINANCE	-0.001** (-2.272)	-0.002*** (-3.675)	0.000 (0.747)	0.002*** (5.078)
SOE	-0.003*** (-3.440)	-0.004 (-1.356)	-0.003** (-1.970)	-0.005*** (-2.831)
SIZE	0.007*** (8.341)	0.002 (1.034)	-0.004*** (-5.584)	-0.006*** (-6.788)
MB	-0.049*** (-11.912)	0.002 (0.169)	-0.033*** (-7.393)	-0.019*** (-4.699)
LEVB	-0.027*** (-4.978)	-0.017*** (-3.139)	0.030*** (3.425)	0.041*** (8.816)
BIGTEN	0.001 (1.073)	0.005** (2.456)	0.001 (0.495)	-0.003** (-2.360)
ROA	0.464*** (15.096)	0.236*** (6.871)	-0.127*** (-5.036)	-0.007 (-0.468)
MANAOWN	0.008* (1.894)	-0.004 (-0.462)	-0.002 (-0.417)	-0.005 (-0.997)
INSHR	0.001*** (5.327)	0.001*** (2.603)	-0.000*** (-2.764)	-0.001*** (-4.538)
R&D	-0.080** (-2.549)	-0.178*** (-2.831)	-0.078* (-1.877)	-0.157*** (-4.023)
MONOPOLY	-0.012*** (-3.413)	0.003 (0.442)	0.014*** (3.042)	0.008* (1.698)
INDUSTRY	YES	YES	YES	YES
YEAR	YES	YES	YES	YES
Constant	-0.079*** (-4.782)	0.031 (0.696)	0.128*** (8.582)	0.190*** (11.000)
Observations	8 015	8 015	7 244	7 244
Adj R-squared	0.394	0.119	0.149	0.139
F	89.94	26.39	18.40	19.13

注：括号内为 t 值，*、**、*** 分别表示在 10%、5%、1% 的水平上显著。

四、进一步分析

（一）供应链风险信息披露与企业应对

表5－5和表5－6结果表明，企业的供应链风险信息披露并不预示着未来业绩的降低，反而预示着未来业绩波动性的降低，说明供应链风险信息披露属于“好消息”，这一结果可能是由于企业披露供应链风险后采取了有效应对措施。已有供应链文献表明供应链风险主要源于企业对供应商/客户的过度依赖，一旦失去重要供应商/客户或者供应商/客户出现问题，企业的生产经营会受到负面影响（Hui et al.，2012；Itzkowitz，2013）。为了应对供应商/客户过度依赖风险，企业意识到该风险后可能会降低对供应商或客户的依赖度。

另外，供应链风险可能影响企业的现金行为。例如，当企业失去供应商或供应商出现问题时，企业可能需要更多资金成本以寻找其他供应商或原材料来源；当企业失去重要客户或客户出现问题时，企业可能无法及时收回应收账款，或者无法及时销售存货，导致现金流减少，资金紧缺。已有研究表明，为了应对供应链断裂风险，企业会持有更多现金（Cohen and Li，2014；Itzkowitz，2013；王勇和刘志远，2016）、减少现金股利支付（Wang，2012）。因此，企业披露较多供应链风险时，更可能在未来持有更多现金、减少股利支付以预防供应链风险带来的不利影响。

综上，本书主要从三个方面考虑企业披露供应链风险后的应对行为：（1）企业是否在未来降低对供应商或客户的依赖度？（2）企业是否在未来增加现金持有？（3）企业是否在未来减少现金股利支付？表5－9、表5－10和表5－11分别报告了相应结果。

表5－9为企业t＋1期供应商/客户依赖度与t期企业供应商/客户风险信息披露的回归结果。其中，第（1）列被解释变量为企业t＋1期企业前五大供应商销售占企业采购总额的比例（FRTSALE_SUP），该比例越高，表明企业对前五大供应商的依赖度越高。主要解释变量为企业t期供应商风险信息披露（SUPPLIER）。研究结果表明，FRTSALE_SUP与SUPPLIER负相关，且在5%的水平上显

著，说明披露供应链风险信息的企业下一期供应商重要性显著降低。第（2）列被解释变量为企业 t+1 期企业前五大客户销售占企业销售总额的比例（FRTSALE_CUS），该比例越高，表明企业对前五大客户的依赖度越高。主要解释变量为企业 t 期客户风险信息披露（CUSTOMER）。研究结果表明，FRTSALE_CUS 与 CUSTOMER 负相关，且在 5% 的水平上显著，说明披露客户风险信息较多的企业下一期客户重要性显著降低。以上结果说明企业披露更多的供应商或客户风险信息，并不意味着其未来年度的供应商或客户依赖度增加，反而意味着供应商或客户依赖度的减少。说明披露该部分风险信息的企业意识到供应链风险，并主动增加了未来年度的供应商和客户分散度，有效降低了未来年度对单一供应商或客户的依赖度。

表 5-9　　供应链风险信息披露与未来供应商/客户依赖度

variables	(1)	(2)
	FRTSALE_SUP	FRTSALE_CUS
SUPPLIER	-7.690** (-2.049)	
CUSTOMER		-2.108** (-2.113)
MACRO	0.104 (0.445)	0.615*** (2.644)
INDUSTRYRISK	1.269** (2.012)	-0.070 (-0.154)
OPERATE	0.338** (2.290)	0.295** (2.230)
FINANCE	0.816* (1.938)	-0.003 (-0.011)
SOE	-1.069 (-1.063)	0.153 (0.143)
SIZE	-4.795*** (-8.872)	-3.222*** (-5.299)
MB	-1.270 (-0.526)	-11.265*** (-4.168)
LEVB	-2.044 (-0.752)	-0.323 (-0.108)

续表

variables	(1)	(2)
	FRTSALE_SUP	FRTSALE_CUS
BIGTEN	-1.697* (-1.891)	-0.866 (-1.013)
ROA	-19.488** (-2.093)	-21.830** (-2.388)
MANAOWN	-5.480* (-1.685)	-8.786*** (-2.955)
INSHR	-0.187*** (-2.620)	-0.244*** (-3.478)
R&D	-102.670*** (-5.348)	-8.994 (-0.328)
MONOPOLY	16.754*** (4.191)	15.174*** (4.896)
INDUSTRY	YES	YES
YEAR	YES	YES
Constant	139.870*** (12.804)	107.479*** (8.496)
Observations	4 346	6 622
Adj R - squared	0.181	0.204
F	22.48	48.74

注：括号内为 t 值，*、**、*** 分别表示在 10%、5%、1% 的水平上显著。

表 5-10 为企业 t+1 期现金持有与 t 期供应链风险信息披露的回归结果。其中，第（1）~（3）列被解释变量为 FCASH，即 t+1 期货币资金占总资产比例，第（4）~（5）列被解释变量为 FCASH1，即 t+1 期货币资金与交易性金融资产之和占总资产的比例。主要解释变量为 SUPCHAIN、SUPPLIER 和 CUSTOMER。研究结果发现，无论采用何种现金持有指标，企业 t+1 期现金持有与企业 t 期 SUPCHAIN、CUSTOMER 显著正相关，与 t 期 SUPPLIER 无显著相关关系。说明披露供应链风险信息越多的企业，特别是披露客户风险信息越多的企业，其下一年度现金持有越多。这表明企业意识到供应链风险信息后，会增加下一年度现金持有，以预防供应链断裂所带来的资金断裂。

表 5－10　　　　供应链风险信息披露与未来现金持有

variables	(1)	(2)	(3)	(4)	(5)	(6)
	FCASH	FCASH	FCASH	FCASH1	FCASH1	FCASH1
SUPCHAIN	0.013*** (3.386)			0.012*** (3.132)		
SUPPLIER		0.016 (1.072)			0.014 (0.914)	
CUSTOMER			0.014*** (3.345)			0.013*** (3.127)
MACRO	－0.002** (－1.979)	－0.002** (－2.291)	－0.002* (－1.951)	－0.002** (－1.973)	－0.002** (－2.261)	－0.002* (－1.945)
INDUSTRYRISK	－0.003 (－1.220)	－0.003 (－1.263)	－0.003 (－1.277)	－0.003 (－1.155)	－0.003 (－1.200)	－0.003 (－1.208)
OPERATE	－0.001 (－1.290)	－0.001 (－1.014)	－0.001 (－1.289)	－0.001 (－1.253)	－0.001 (－1.001)	－0.001 (－1.253)
FINANCE	－0.005*** (－4.606)	－0.006*** (－5.140)	－0.005*** (－4.552)	－0.005*** (－4.522)	－0.006*** (－5.008)	－0.005*** (－4.470)
SOE	0.007 (1.460)	0.007 (1.428)	0.007 (1.426)	0.006 (1.249)	0.006 (1.219)	0.006 (1.218)
SIZE	－0.002 (－0.765)	－0.002 (－0.812)	－0.002 (－0.757)	－0.002 (－0.727)	－0.002 (－0.771)	－0.002 (－0.720)
MB	－0.054*** (－4.171)	－0.053*** (－4.026)	－0.054*** (－4.139)	－0.056*** (－4.324)	－0.055*** (－4.178)	－0.055*** (－4.292)
LEVB	－0.080*** (－5.315)	－0.080*** (－5.233)	－0.081*** (－5.338)	－0.087*** (－5.518)	－0.087*** (－5.444)	－0.087*** (－5.540)
BIGTEN	0.003 (0.754)	0.003 (0.742)	0.003 (0.767)	0.002 (0.633)	0.002 (0.625)	0.002 (0.644)
ROA	0.208*** (6.447)	0.212*** (6.711)	0.209*** (6.420)	0.208*** (6.493)	0.212*** (6.747)	0.209*** (6.465)
MANAOWN	－0.033*** (－2.853)	－0.029** (－2.479)	－0.033*** (－2.842)	－0.037*** (－3.135)	－0.034*** (－2.784)	－0.037*** (－3.123)
INSHR	0.000 (0.841)	0.000 (0.868)	0.000 (0.855)	0.000 (0.843)	0.000 (0.868)	0.000 (0.855)

续表

variables	(1)	(2)	(3)	(4)	(5)	(6)
	FCASH	FCASH	FCASH	FCASH1	FCASH1	FCASH1
R&D	0.168* (1.670)	0.179* (1.761)	0.171* (1.704)	0.137 (1.351)	0.148 (1.444)	0.141 (1.383)
MONOPOLY	0.005 (0.390)	0.004 (0.349)	0.005 (0.400)	0.006 (0.473)	0.006 (0.439)	0.006 (0.482)
INDUSTRY	YES	YES	YES	YES	YES	YES
YEAR	YES	YES	YES	YES	YES	YES
Constant	0.302*** (5.295)	0.308*** (5.421)	0.301*** (5.279)	0.309*** (5.303)	0.316*** (5.425)	0.308*** (5.290)
Observations	8 455	8 455	8 455	8 455	8 455	8 455
Adj R - squared	0.156	0.154	0.156	0.160	0.158	0.160
F	34.27	33.61	34.15	34.97	34.36	34.86

注：括号内为t值，*、**、***分别表示在10%、5%、1%的水平上显著。

表5-11为企业t+1期现金股利支付比例与t期供应链风险信息披露的回归结果。其中，被解释变量为FDIVIDENDR，即t+1期分配股利、利润或偿付利息支付的现金占净利润的比例，主要解释变量为t期SUPCHAIN、SUPPLIER和CUSTOMER。研究结果发现，企业t+1期现金股利支付与企业t期SUPCHAIN、SUPPLIER和CUSTOMER显著负相关，说明披露供应链风险信息越多的企业，其下一年度现金股利支付越少，以避免现金流不足而无法应对未来供应链断裂风险。以上结果表明，企业当期披露的供应链风险信息越多，未来对供应商/客户的依赖度越低、未来现金持有越多、未来现金股利支付越少，说明企业针对可能的供应链风险进行了相应的应对措施。

表5-11　　供应链风险信息披露与未来现金股利支付

variables	(1)	(2)	(3)
	FDIVIDENDR	FDIVIDENDR	FDIVIDENDR
SUPCHAIN	-0.164*** (-3.551)		

续表

variables	(1)	(2)	(3)
	FDIVIDENDR	FDIVIDENDR	FDIVIDENDR
SUPPLIER		-0.625** (-2.365)	
CUSTOMER			-0.147*** (-3.078)
DIVIDENDR	0.126*** (4.697)	0.127*** (4.761)	0.126*** (4.710)
MACRO	-0.023* (-1.934)	-0.019* (-1.699)	-0.023* (-1.923)
INDUSTRYRISK	-0.020 (-0.741)	-0.024 (-0.870)	-0.018 (-0.680)
OPERATE	0.028* (1.854)	0.026* (1.714)	0.028* (1.803)
FINANCE	-0.005 (-0.273)	0.001 (0.076)	-0.005 (-0.252)
SOE	-0.029 (-0.524)	-0.031 (-0.547)	-0.027 (-0.484)
SIZE	0.161*** (3.508)	0.163*** (3.523)	0.161*** (3.493)
MB	1.390*** (6.761)	1.387*** (6.897)	1.385*** (6.718)
LEVB	1.202*** (6.414)	1.187*** (6.318)	1.205*** (6.429)
BIGTEN	-0.030 (-0.443)	-0.029 (-0.427)	-0.031 (-0.454)
ROA	-4.349*** (-9.331)	-4.366*** (-9.322)	-4.360*** (-9.317)
MANAOWN	0.127 (0.793)	0.094 (0.615)	0.116 (0.717)

续表

variables	(1)	(2)	(3)
	FDIVIDENDR	FDIVIDENDR	FDIVIDENDR
INSHR	-0.005 (-1.081)	-0.005 (-1.101)	-0.005 (-1.096)
R&D	0.920 (0.424)	0.976 (0.445)	0.840 (0.386)
MONOPOLY	0.309 (1.359)	0.319 (1.393)	0.308 (1.359)
INDUSTRY	YES	YES	YES
YEAR	YES	YES	YES
Constant	-4.091*** (-3.960)	-4.193*** (-4.054)	-4.097*** (-3.962)
Observations	7 692	7 692	7 692
Adj R-squared	0.101	0.101	0.101
F	12.88	12.97	12.88

注：括号内为t值，*、**、***分别表示在10%、5%、1%的水平上显著。

（二）供应链风险信息披露与市场反应

以上研究表明，企业的供应链信息披露对未来业绩波动性的降低具有预测性，并且企业披露供应链风险后降低了对未来供应商/客户的依赖度、增加了现金持有并减少了现金股利支付，说明供应链风险信息具有信息含量。那么另一个重要问题是，市场是否识别出该消息并做出及时反应？表5-12检验了企业披露供应链风险信息的市场反应。其中，第（1）~（3）列被解释变量为CAR_22，即年报披露［-2，2］事件窗口期的累计超额回报率，其中估计期为年报披露前［-202，-3］，估计模型为市场模型。第（4）~（6）列被解释变量为CAR_11，即年报披露［-1，1］事件窗口期的累计超额回报率。研究结果表明，CAR_22（或CAR_11）与SUPCHAIN、SUPPLIER、CUSTOMER均无显著相关关系。未报告结果显示，采用供应链风险信息披露变化值或超额供应链风险信息披露指标时，结果与之一致。这些结果说明尽管供应链风险信息披露具有信息含量，但企业并未对年报中披露的供应链风险信息做出反应，说明投资者并未充分利用该部分信息披露。

表 5－12　　供应链风险信息披露与市场反应

variables	(1)	(2)	(3)	(4)	(5)	(6)
	CAR_22	CAR_22	CAR_22	CAR_11	CAR_11	CAR_11
SUPCHAIN	－0.001 (－0.339)			－0.001 (－0.532)		
SUPPLIER		－0.002 (－0.428)			0.002 (0.501)	
CUSTOMER			－0.001 (－0.369)			－0.001 (－0.637)
MACRO	－0.001 (－1.514)	－0.001 (－1.442)	－0.001 (－1.520)	－0.000 (－0.627)	－0.000 (－0.579)	－0.000 (－0.642)
INDUSTRYRISK	－0.001 (－0.938)	－0.001 (－0.964)	－0.001 (－0.927)	－0.001* (－1.880)	－0.001* (－1.843)	－0.001* (－1.870)
OPERATE	－0.001** (－2.067)	－0.001** (－2.169)	－0.001** (－2.056)	－0.000** (－2.175)	－0.000** (－2.322)	－0.000** (－2.144)
FINANCE	0.002*** (2.972)	0.002*** (2.954)	0.002*** (2.986)	0.001* (1.819)	0.001* (1.827)	0.001* (1.805)
SOE	－0.002 (－0.767)	－0.002 (－0.765)	－0.002 (－0.767)	－0.001 (－0.702)	－0.001 (－0.651)	－0.001 (－0.708)
DNI	－0.023 (－0.828)	－0.023 (－0.827)	－0.023 (－0.829)	－0.024 (－1.201)	－0.024 (－1.202)	－0.024 (－1.202)
ACC	－0.028** (－1.999)	－0.028** (－2.000)	－0.028** (－1.993)	－0.039*** (－3.498)	－0.039*** (－3.519)	－0.039*** (－3.476)
LOSS	－0.007*** (－5.342)	－0.007*** (－5.282)	－0.007*** (－5.338)	－0.004*** (－4.970)	－0.004*** (－4.885)	－0.004*** (－4.956)
MB	0.001 (0.232)	0.001 (0.233)	0.001 (0.231)	－0.007 (－1.421)	－0.007 (－1.429)	－0.007 (－1.421)
SIZE	0.001 (0.831)	0.001 (0.837)	0.001 (0.831)	0.002 (1.528)	0.002 (1.539)	0.002 (1.523)

续表

variables	(1)	(2)	(3)	(4)	(5)	(6)
	CAR_22	CAR_22	CAR_22	CAR_11	CAR_11	CAR_11
LNANANUM	0.003 ** (2.007)	0.003 ** (2.002)	0.003 ** (2.008)	0.001 (1.412)	0.001 (1.398)	0.001 (1.413)
INDUSTRY	YES	YES	YES	YES	YES	YES
YEAR	YES	YES	YES	YES	YES	YES
Constant	-0.058 ** (-2.133)	-0.059 ** (-2.137)	-0.058 ** (-2.136)	-0.051 ** (-2.522)	-0.051 ** (-2.528)	-0.051 ** (-2.508)
Observations	7 702	7 702	7 702	7 703	7 703	7 703
Adj R-squared	0.088	0.088	0.088	0.052	0.052	0.052
F	24.57	24.57	24.57	13.80	13.80	13.80

注：括号内为t值，*、**、*** 分别表示在10%、5%、1%的水平上显著。

第五节 研究结论

本章检验了供应链风险信息披露对未来ROA和现金流及其波动性的影响。研究发现供应链风险信息披露与企业未来ROA或现金流无显著相关关系，但与未来三年ROA波动性及现金流波动性显著负相关，说明企业对供应链风险的披露不意味着未来业绩或现金流的减少，反而增加了未来业绩及现金流的稳定性。进一步研究表明，随着企业披露的供应链风险增多，未来对供应商或客户的依赖度降低、未来现金持有增加、未来现金股利支付减少，说明企业披露供应链风险后确实采取了相应的风险应对措施。最后，本书研究发现，市场并未对企业披露的供应链风险做出反应。这些结果说明企业的供应链风险信息披露能够预测企业的未来表现和行为，具有信息含量，但是短期内投资者并未充分利用该信息。

已有风险披露研究主要探讨了风险披露对资本市场的影响，本章研究探讨了供应链风险信息披露对企业的影响，并且集中于供应链这一特定类别风险，探讨了企业的后续应对措施，研究角度和研究结论对已有风险披露研究均具有一定的补充性。从供应链研究来看，该领域已有文献主要从定量角度探讨了历史供应链信息对企业经营业绩或现金流的影响，本书从定性角度探讨了未来供应链信息的影响，对已有供应链文献具有补充作用。最后，本书研究结果表明企业的供应链风险信息具有信息含量，并且属于“好消息”，具有一定的实践意义。

第六章
供应链风险信息披露与分析师跟随

第一节　引　　言

本书第五章研究表明，企业披露的供应链风险对企业未来的经营业绩波动性和现金流波动性具有预测作用，并且披露供应链风险的企业在后期确实采取了相应措施以应对供应链风险，但是投资者短期内并未利用该信息。那么分析师作为市场上的信息提供者和信息中介，具有更专业的信息获取和分析能力，是否能识别出该部分信息，并受到该信息的影响呢？为了探讨这一问题，本章从分析师跟随角度探讨企业的供应链风险信息披露对分析师行为的影响。

已有文献表明，企业的信息披露会影响分析师跟随行为，如分析师会跟踪企业的年报、季报（Lang and Lundholm，1996）、非财务信息（Orens et al.，2010）以及其他信息披露。进一步地，就供应链信息披露对分析师跟随行为的影响方面，勒杜等（2014）研究发现客户价值披露与分析师跟随显著正相关；罗和拿加拉詹（2015）发现供应商与客户间信息的互补性会促使分析师成为供应链分析师，而关等（2014）研究发现分析师同时跟踪企业的主要客户会给分析师提供增量信息，有利于提高分析师对企业盈余预测的准确性。这些研究表明供应链方面的信息具有信息增量，并会影响分析师的跟随和预测行为。但这些研究主要是从企业对于客户价值的信息披露（Ledoux et al.，2014）或客户销售占比（Luo and Nagarajan，2015）角度出发，探讨的是客户历史信息或定量信息对分析师跟随的影响，本书拟利用企业披露的未来供应链风险信息，从供应链未来信息和定性信息角度，探讨其对分析师跟随的影响。

本章选取2007～2015年中国A股上市公司数据，通过Python软件提取年报“管理层讨论与分析”中“未来展望”部分，并统计供应链类关键词所占比例，以此衡量企业未来供应链风险信息披露，进而探讨企业披露未来供应链风险信息对分析师跟随的影响。首先，年报披露后分析师跟随数量与企业年报披露的供应链风险信息量显著正相关，并且这一关系在年报披露后60日窗口期依然存在，说明年报中披露的供应链风险信息本身为分析师提供了信息增量，导致更多分析师跟随。其次，进一步研究发现，国有产权性质、公司规模和企业在行业中所处优势地位削弱了供应链风险信息披露与分析师跟随间的正相关关系，说明当企业的抗风险能力较强时，年报中供应链风险信息披露可能并不意味着未来存在供应链风险，该部分信息披露的信息含量降低，导致分析师跟随动机减弱。最后，供应链风险信息披露与分析师预测准确度显著正相关，进一步说明该部分信息确实为分析师提供了信息增量，有利于分析师做出更准确的预测。

本书的研究对于已有文献具有补充作用。首先，已有文献发现供应链信息具有信息含量，且会影响分析师的跟随行为和预测结果（Ledoux et al.，2014；Luo and Nagarajan，2015），但这些研究主要从企业披露的客户历史信息和量化信息角度进行探讨，本书从供应链风险信息披露这一未来信息和定性信息角度进行考虑，发现该类信息对于分析师跟随及预测行为具有显著影响，说明该部分信息披露具有信息含量，且对投资者以外的利益相关者的行为产生了影响。其次，已有文献从企业整体的风险披露角度探讨了其对资本成本、现金流及投资者反应的影响。相比于已有研究，本书研究角度并非整体风险披露，而是供应链风险这一特定的异质性风险类别，并且探讨了其对分析师行为的影响，而非对企业自身或投资者的影响，对已有风险披露文献具有一定的补充作用。最后，本章研究表明企业抗风险能力会弱化供应链风险信息披露与分析师跟随间的正相关关系，说明企业风险披露的信息含量会受到企业特征的影响，这一结论对于已有的风险披露信息含量研究具有一定的补充作用。

第二节　研究假设

首先，企业在年报“未来展望”部分披露的供应商或客户风险反映了企业的供应商或客户信息。已有研究发现，企业披露的供应商或客户信息（包括客户价值信息、供应商与客户关系信息）具有信息增量，并会影响分析师的预测准确度（Bonacchi et al.，2015；Guan et al.，2014；Ledoux et al.，2014；Luo and Nagarajan，2015）。“未来展望”部分披露的供应商或客户风险信息也可能因信息增量而影响分析师跟随行为。根据郎和伦德霍尔姆（1996）的分析框架，从供给角度看，供应商或客户风险信息披露作为供应链方面的信息，可能对企业的财务信息披露起到补充作用，这部分信息披露的越多，分析师可利用的信息越多，信息获取成本越低，分析师供给可能提高。从需求角度看，如果分析师仅作为信息中介，那么企业对于供应商或客户风险信息披露的越多，市场需要分析师进行分析的信息就会越多，进而分析师需求增加；如果分析师作为信息制造者，那么企业披露供应商或客户风险信息并被投资者获取后，市场对分析师的需求可能减少，导致分析师跟随减少。因此，从这部分信息的供应链信息属性来看，其对分析师跟随的影响方向是不确定的。

其次，年报“未来展望”部分披露的供应商或客户风险信息具有“风险信息”属性，这一属性会从其他方面影响分析师的供给和需求。从供给角度看，供应链风险信息披露越多，企业未来面临的供应商或客户不确定性越大，企业的经营业绩可能受到影响。这些不确定性越大（Campbell et al.，2016），企业未来股票回报率波动性越大（Kravet and Muslu，2013），投资者和分析师从中可获取的收益越小。并且，分析师对于“风险信息”的分析成本越高。因此，对于分析师而言，分析师利用供应链风险信息的收益小、成本高，对该企业进行跟随的动机较小。从需求角度看，由于风险信息可能意味着未来回报率波动性较大，投资者从中可获取的收益低，其对分析师的需求可能降低。但是，由于投资者对风险信息的分析成本较高，其对分析师的需求可能增加。因此，从这部分信息的风险信息属性来看，其对分析师跟随的影响方向也是不确定的。

最后，年报“未来展望”部分披露的供应商或客户风险信息具有“定性信息”属性。相比于财务报告中的量化信息，文本信息的获取和分析成本更高（Li，2006；王玉涛等，2012）。从供给角度看，这部分文本信息可能使得分析师需要获取并分析更多供应商或客户信息，分析师的信息成本提高，可能降低分析师跟随企业的动机。从需求角度来看，这部分文本信息也会增加投资者的信息获取和分析成本，使得其对分析师的需求增加。因此，从“未来展望”部分供应链风险信息的定性信息属性来看，其对分析师跟随行为的影响也是不确定的。综合以上分析，本书提出如下假设：

H1a：分析师跟随与“未来展望”部分供应链风险信息披露正相关；

H1b：分析师跟随与“未来展望”部分供应链风险信息披露负相关。

第三节 研究设计

一、样本筛选

本书选取2007~2015年中国A股上市公司数据，通过Python软件提取年报“管理层讨论与分析”中“未来展望”部分，得到文本14 371份并进行文本分析。本书财务类数据来自国泰安数据库，剔除同时发行B股样本593个、同时发行H股样本411个、金融行业样本136个，在剔除缺失值样本后最终得到11 111个公司年度样本。本书对所有连续型变量进行上下1%的winsorize处理。

二、研究模型

$$\begin{aligned} LNBANA\_F_t = & \beta_0 + \beta_1 DISCLOSURE_t + \beta_2 SOE_t + \beta_3 SIZE_t + \beta_4 ACC_t \\ & + \beta_5 LOSS_t + \beta_6 ROA_t + \beta_7 LEVB_t + \beta_8 MB_t + \beta_9 INSHR_t \\ & + \beta_{10} R\&D_t + \sum YEAR + \sum INDUSTRY \end{aligned} \tag{6.1}$$

模型（6.1）为本章的主要回归模型。其中，被解释变量为企业t年度年报披露后至t+1年度年报披露前分析师跟随人数加1后的自然对数（LNBANA_F），该变量越大，表明下一期分析师跟随数量越多。主要解释变量为企业的供应链类风险信息披露变量DISCLOSURE。本书采用三种方式衡量企业对供应链风险信息的披露：（1）SUPPLIER，即年报“董事会讨论与分析”中“未来展望”部分供应商类关键词字数总和占该部分总字数的比例。其中，供应商类关键词为“供应商”。（2）CUSTOMER，即年报“董事会讨论与分析”中“未来展望”部分客户类关键词字数总和占该部分总字数的比例。客户类关键词包括“客户”

"用户""服务""专用性"。(3)SUPCHAIN，即 SUPPLIER 与 CUSTOMER 之和。供应商和客户类关键词的确定依据为：(1)根据克拉维和穆斯洛（2013）、坎贝尔等（2014）、穆斯洛等（2014）的主题词汇及主题分类，找到供应商和客户类关键词的中文对应词汇。(2)随机选取100份"重大风险提示"文本和100份"未来展望"文本，阅读并提取供应商或客户类关键词。

此外，本书控制了其他可能影响分析师跟随数量的变量，包括产权性质 SOE、公司规模 SIZE、应计比例 ACC、企业当年度是否亏损 LOSS、资产收益率 ROA、资产负债率 LEVB、账面市值比 MB、机构投资者持股比例 INSHR、研发支出占比 R&D，以及年度和行业虚拟变量，各变量具体计算方法见表 6－1。

表 6－1　　变量说明

variables	变量说明
LNBANA_F	企业 t 年度年报披露后至 t+1 年度年报披露前分析师跟随人数的自然对数
SUPCHAIN	年报"董事会讨论与分析"中"未来展望"部分有关供应链的内容比例＝SUPPLIER＋CUSTOMER
SUPPLIER	年报"董事会讨论与分析"中"未来展望"部分有关供应商的内容比例＝"未来展望"部分供应商类关键词字数总和÷"未来展望"部分总字数×100。供应商类关键词为"供应商"
CUSTOMER	年报"董事会讨论与分析"中"未来展望"部分有关客户的内容比例＝"未来展望"部分客户类关键词字数总和÷"未来展望"部分总字数×100。客户类关键词为"客户，用户，服务，专用性"
NW	年报"董事会讨论与分析"中"未来展望"部分字数
SOE	国有企业取 1，非国有企业取 0
SIZE	总资产的对数
ACC	应计比例＝(净利润－经营活动产生的现金流)÷[(期初总资产＋期末总资产)÷2]
LOSS	本期 NI 小于 0 取 1，否则为 0。其中，NI＝(净利润－非经常性损益)÷期初市值
ROA	资产收益率
LEVB	账面资产负债率

续表

variables	变量说明
MB	账面市值比
INSHR	机构投资者持股比例
R&D	R&D 占比 = 开发支出本期发生额 ÷ 营业总收入
SUPCHAIN_DUM	企业披露了供应链风险信息时取 1，否则取 0
SUPCHAIN_D2	企业仅披露供应商风险而未披露客户风险取 1，否则取 0
SUPCHAIN_D3	企业未披露供应商风险而披露客户风险取 1，否则取 0
SUPCHAIN_D4	企业同时披露了供应商风险和客户风险取 1，否则取 0
LNLSUPCHAIN	“未来展望”部分供应链关键词字数总计额的自然对数
LNLSUPPLIER	“未来展望”部分供应商关键词字数总计额的自然对数
LNLCUSTOMER	“未来展望”部分客户关键词字数总计额的自然对数
LNBANA_F60	年报披露后 60 日内分析师跟随数量加 1 后取自然对数
MACRO	年报“董事会讨论与分析”中“未来展望”部分有关宏观风险披露的比例 = “未来展望”部分宏观类关键词字数总和 ÷ “未来展望”部分总字数 × 100
INDUSTRYRISK	年报“董事会讨论与分析”中“未来展望”部分有关行业风险披露的比例 = “未来展望”部分行业类关键词字数总和 ÷ “未来展望”部分总字数 × 100
OPERATE	年报“董事会讨论与分析”中“未来展望”部分有关经营风险披露的比例 = “未来展望”部分经营类关键词字数总和 ÷ “未来展望”部分总字数 × 100
FINANCE	年报“董事会讨论与分析”中“未来展望”部分有关财务风险披露的比例 = “未来展望”部分财务类关键词字数总和 ÷ “未来展望”部分总字数 × 100
RS_SUPCHAIN	超额供应链风险信息披露，根据第四章模型（4.1）计算得到的残差
SALES_DUM1	虚拟变量，当企业的销售收入大于同年度同行业中位数时取 1，否则取 0
ACCURACY_F	Abs［（t 年年报披露后至 t + 1 年年报披露之前分析师对公司 i 的 t + 1 年度 EPS 第一次预测值的均值 - 公司 i 在 t + 1 年度 EPS 实际值）÷ t 年度期初股价］
YEAR	年度虚拟变量。样本年份为 2007 ~ 2016 年，因此共 9 个年度虚拟变量
INDUSTRY	行业虚拟变量。行业根据证监会 2012 年行业分类进行划分，制造业取前两位代码，其他行业取首位代码，共 20 个行业虚拟变量

本书对模型中解释变量的标准误进行年度和公司双重聚类调整。

第四节　实证结果

一、描述性统计与相关系数分析

表6－2为变量的描述性统计。从描述性统计看，年报披露后分析师跟随人数平均为6人。SUPCHAIN均值为0.425%，最小为0，最大为2.292%；SUPPLIER均值为0.043%，最小为0，最大为0.513%；CUSTOMER均值为0.380%，最小为0，最大为2.214%，说明企业对于客户风险信息的披露远高于供应商风险信息的披露。企业“管理层分析与讨论”中“未来展望”部分字数平均为2 698字，最少为27字，最多达到10 522字，说明不同企业对于该部分披露的容量差异较大。此外，52.7%的样本为国有企业，21.1%的样本当期发生损失。样本中研发支出占比平均为0.5%，应计比例平均为－0.01，资产收益率平均为0.038，资产负债率平均为0.486，账面市值比平均为0.530，机构投资者持股比例平均为4.498%。

表6－2　　　　**描述性统计**

variables	N	mean	p50	sd	min	max
BANA_F	11 111	6.013	3.000	7.748	0	34
LNBANA_F	11 111	1.358	1.386	1.112	0	3.555
SUPCHAIN	11 111	0.425	0.272	0.483	0	2.292
SUPPLIER	11 111	0.043	0	0.097	0	0.513
CUSTOMER	11 111	0.380	0.230	0.457	0	2.214
NW	11 111	2 697.650	2 337.000	1 813.336	27.000	10 522
SOE	11 111	0.527	1.000	0.499	0	1.000
SIZE	11 111	21.861	21.772	1.160	19.222	25.056

续表

variables	N	mean	p50	sd	min	max
ACC	11 111	-0.010	-0.010	0.042	-0.142	0.125
LOSS	11 111	0.211	0	0.408	0	1.000
ROA	11 111	0.038	0.034	0.061	-0.208	0.223
LEVB	11 111	0.486	0.488	0.214	0.059	1.064
MB	11 111	0.530	0.507	0.243	0.085	1.089
INSHR	11 111	4.498	2.706	5.043	0	22.320
R&D	11 111	0.004	0	0.012	0	0.079

表6-3对分析师跟随数量分年度和分行业进行了统计。从Panel A分年度统计看，2007~2015年分析师跟随数量均值较为稳定。从Panel B分行业统计来看，分析师跟随人数最多的前五大行业为租赁和商务服务业、卫生和社会工作、水利、环境和公共设施管理业、采矿业、文化、体育和娱乐业；农林牧渔业、教育业、电力、热力、燃气及水生产和供应业、房地产业、居民服务、修理和其他服务业以及综合业的分析师跟随数量处于全样本分析师跟随人数均值以下。

表6-3　分析师跟随数量描述性统计

Panel A 分析师跟随数量分年度统计

YEAR	N	BANA_F
2007	862	5.18
2008	967	6.15
2009	1 050	6.61
2010	1 113	6.43
2011	1 266	6.50
2012	1 535	5.71
2013	1 611	5.55
2014	1 545	5.38
2015	1 162	6.94

续表

Panel B 分析师跟随数量分行业统计

INDUSTRY	N	BANA_F
农、林、牧、渔业	230	5.49
采矿业	286	9.14
制造业	6 946	6.02
电力、热力、燃气及水生产和供应业	463	4.41
建筑业	298	6.05
批发和零售业	789	6.28
交通运输、仓储和邮政业	390	6.23
住宿和餐饮业	42	7.57
信息传输、软件和信息技术服务业	360	8.00
房地产业	694	3.94
租赁和商务服务业	101	12.49
科学研究和技术服务业	30	7.40
水利、环境和公共设施管理业	85	10.81
居民服务、修理和其他服务业	26	3.12
教育	4	4.75
卫生和社会工作	8	12.00
文化、体育和娱乐业	86	8.21
综合	273	2.40

表6－4分别按照SUPCHAIN、SUPPLIER、CUSTOMER同年度同行业均值进行分组，并检验两组样本间分析师跟随数量的均值差异。从表中结果可见，SUPCHAIN较小的样本组中，分析师跟随人数均值为5.782；SUPCHAIN较大的样本组中，分析师跟随人数均值为6.394，均值差异显著。按照SUPPLIER和CUSTOMER分组后的均值差异检验得到了类似结果。这说明供应链风险信息披露较多，且无论是供应商风险信息披露还是客户风险信息披露较多的企业均吸引了更多分析师跟随。

表 6 -4　　　　均值检验——按供应链风险信息披露均值分组

分组依据	变量	披露少		披露多		差异
		样本量	均值	样本量	均值	
SUPCHAIN	BANA_F	6 920	5.782	4 191	6.394	-0.612***
SUPPLIER	BANA_F	8 639	5.728	2 472	7.006	-1.278***
CUSTOMER	BANA_F	7 003	5.868	4 108	6.259	-0.391**

注：*、**、*** 分别表示在 10%、5%、1% 的水平上显著。

表 6 -5 为变量的相关系数分析。从相关系数分析结果来看，LNBANA_F 与 SUPCHAIN、SUPPLIER 和 CUSTOMER 显著正相关，与 H1a 一致。SUPPLIER 与 CUSTOMER 相关系数为 0.128，说明企业在披露供应商风险信息和客户风险信息时具有正相关关系。从 SUPCHAIN 与 SUPPLIER 和 CUSTOMER 的相关系数来看，SUPCHAIN 指标主要受 CUSTOMER 指标影响。此外，从各解释变量间的相关系数来看，不存在严重共线性问题。

二、回归结果

表 6 -6 为模型（6.1）的回归结果。其中，被解释变量为 LNBANA_F，即企业 t 期年报披露后至 t +1 期年报披露前的分析师跟随数量的对数。主要解释变量为供应链风险信息披露指标 SUPCHAIN、供应商风险信息披露指标 SUPPLIER 和客户风险信息披露指标 CUSTOMER。从回归结果来看，SUPCHAIN、SUPPLIER 和 CUSTOMER 的回归系数均显著为正，说明企业的供应链风险信息披露越多，分析师跟随数量越多，与 H1a 一致。其他变量中，企业产权性质 SOE、应计比例 ACC、当期是否发生损失 LOSS、资产负债率 LEVB、账面市值比 MB 与分析师跟随显著负相关；公司规模 SIZE、资产收益率 ROA 以及机构投资者持股比例 INSHR 与分析师跟随显著正相关。

表 6－5　　相关系数分析

	LNBANA_F	SUPCHAIN	SUPPLIER	CUSTOMER	SOE	SIZE	ACC	LOSS	ROA	LEVB	MB	INSHR	R&D
LNBANA F	1. 000												
SUPCHAIN	0. 102 ***	1. 000											
SUPPLIER	0. 062 ***	0. 341 ***	1. 000										
CUSTOMER	0. 095 ***	0. 973 ***	0. 128 ***	1. 000									
SOE	-0. 031 ***	-0. 106 ***	-0. 113 ***	-0. 086 ***	1. 000								
SIZE	0. 385 ***	-0. 009	-0. 009	-0. 006	0. 273 ***	1. 000							
ACC	0. 131 ***	0. 047 ***	0. 019 **	0. 046 ***	-0. 081 ***	0. 104 ***	1. 000						
LOSS	-0. 359 ***	-0. 087 ***	-0. 043 ***	-0. 083 ***	0. 039 ***	-0. 167 ***	-0. 292 ***	1. 000					
ROA	0. 438 ***	0. 081 ***	0. 041 ***	0. 077 ***	-0. 091 ***	0. 099 ***	0. 331 ***	-0. 565 ***	1. 000				
LEVB	-0. 114 ***	-0. 125 ***	-0. 077 ***	-0. 116 ***	0. 204 ***	0. 313 ***	-0. 143 ***	0. 260 ***	-0. 400 ***	1. 000			
MB	-0. 057 ***	-0. 063 ***	-0. 012	-0. 064 ***	0. 226 ***	0. 568 ***	0. 021 **	0. 007	-0. 211 ***	0. 335 ***	1. 000		
INSHR	0. 445 ***	0. 028 ***	0. 012	0. 027 ***	0. 044 ***	0. 148 ***	0. 094 ***	-0. 192 ***	0. 246 ***	-0. 025 ***	-0. 149 ***	1. 000	
R&D	0. 063 ***	0. 137 ***	0. 078 ***	0. 129 ***	-0. 036 ***	-0. 026 ***	0. 021 **	0. 003	0. 021 **	-0. 134 ***	-0. 108 ***	0. 050 ***	1. 000

注：*、**、*** 分别表示在 10%、5%、1% 的水平上显著。

表 6 – 6　　　　供应链风险信息披露与未来分析师跟随

variables	(1)	(2)	(3)
	LNBANA_F	LNBANA_F	LNBANA_F
SUPCHAIN	0.096*** (4.218)		
SUPPLIER		0.318*** (2.983)	
CUSTOMER			0.090*** (3.446)
SOE	−0.231*** (−5.779)	−0.233*** (−5.807)	−0.233*** (−5.831)
SIZE	0.531*** (15.636)	0.530*** (15.861)	0.531*** (15.658)
ACC	−1.018*** (−4.237)	−0.984*** (−4.068)	−1.020*** (−4.241)
LOSS	−0.310*** (−10.485)	−0.314*** (−10.727)	−0.311*** (−10.523)
ROA	3.275*** (9.079)	3.278*** (9.037)	3.279*** (9.062)
LEVB	−0.263*** (−2.738)	−0.262*** (−2.700)	−0.265*** (−2.750)
MB	−1.233*** (−9.829)	−1.235*** (−10.095)	−1.231*** (−9.816)
INSHR	0.057*** (14.123)	0.057*** (14.221)	0.057*** (14.092)
R&D	1.253 (1.392)	1.356 (1.501)	1.288 (1.437)
Constant	−10.361*** (−15.602)	−10.311*** (−15.797)	−10.356*** (−15.619)
INDUSTRY	YES	YES	YES
YEAR	YES	YES	YES

续表

variables	(1)	(2)	(3)
	LNBANA_F	LNBANA_F	LNBANA_F
Observations	11 111	11 111	11 111
Adj R - squared	0.492	0.491	0.492
F	376.8	375.9	375.5

注：括号内为 t 值，*、**、*** 分别表示在 10%、5%、1% 的水平上显著。

三、稳健性检验

（一）采用其他供应链风险信息披露指标

表 6－7 考虑企业是否披露供应链风险信息对分析师跟随的影响。其中，被解释变量为分析师跟随 LNBANA_F。第（1）列的主要解释变量为 SUPCHAIN_DUM，企业披露了供应链风险信息时（SUPCHAIN 大于 0 时）取 1，否则取 0。研究结果发现该变量系数显著为正，说明相对于未披露供应链风险的企业，披露该部分信息的企业对分析师的吸引力更强。第（2）列的主要解释变量包括：（1）SUPCHAIN_D2，企业仅披露供应商风险而未披露客户风险（SUPPLIER 大于 0，但 CUSTOMER 等于 0）时取 1，否则取 0；（2）SUPCHAIN_D3，企业未披露供应商风险而披露客户风险（SUPPLIER 等于 0，但 CUSTOMER 大于 0）时取 1，否则取 0；（3）SUPCHAIN_D4，企业同时披露了供应商风险和客户风险（SUPPLIER 大于 0 且 CUSTOMER 大于 0）时取 1，否则取 0。因此，第（2）列模型以“既未披露供应商风险，也未披露客户风险”的企业为基准，比较了不同披露情况下企业对分析师跟随的影响。研究发现 SUPCHAIN_D2 为正，不显著；SUPCHAIN_D3 为 0.085，在 1% 水平显著；SUPCHAIN_D4 为 0.176，在 1% 水平显著。这说明相比于既未披露供应商也未披露客户风险信息的企业，仅披露供应商风险的企业并未吸引更多分析师跟随，但仅披露客户风险及同时披露供应商和客户风险的企业吸引了更多分析师跟随，并且同时披露供应商和客户风险对分析师的吸引力最强。总体来看，表 6－7 的检验结果说明供应链风险信

息披露吸引了更多分析师跟随，与本书主回归结果一致。

表 6－7　　　　稳健性检验——是否披露供应链风险信息

variables	(1)	(2)
	LNBANA_F	LNBANA_F
SUPCHAIN_DUM	0.107*** (5.049)	
SUPCHAIN_D2		0.078 (1.113)
SUPCHAIN_D3		0.085*** (4.238)
SUPCHAIN_D4		0.176*** (5.023)
SOE	-0.232*** (-5.771)	-0.227*** (-5.613)
SIZE	0.530*** (15.792)	0.530*** (15.821)
ACC	-1.034*** (-4.369)	-1.032*** (-4.333)
LOSS	-0.308*** (-10.710)	-0.305*** (-10.597)
ROA	3.271*** (8.993)	3.271*** (8.945)
LEVB	-0.258*** (-2.649)	-0.253*** (-2.613)
MB	-1.248*** (-9.998)	-1.250*** (-10.067)
INSHR	0.056*** (14.172)	0.056*** (14.175)
R&D	1.300 (1.451)	1.262 (1.421)

续表

variables	(1)	(2)
	LNBANA_F	LNBANA_F
INDUSTRY	YES	YES
YEAR	YES	YES
Constant	-10.386*** (-15.799)	-10.366*** (-15.806)
Observations	11 111	11 111
AdjR-squared	0.492	0.493
F	378.6	362.1

注：括号内为t值，*、**、***分别表示在10%、5%、1%的水平上显著。

模型（6.1）主要采用供应链风险信息披露字数占比衡量该类信息的披露情况，但是该指标可能受到企业披露语言冗余度的影响。例如，对于供应链风险信息披露相同的公司，公司的“未来展望”部分内容越长，供应链风险信息披露占比越低。对此，本书在稳健性检验中借鉴坎贝尔等（2014）的做法，采用供应链风险信息披露字数衡量该部分信息的多少。具体而言，本书设置变量LNLSUPCHAIN，即“未来展望”部分供应链关键词字数总计加1后取自然对数；LNLSUPPLIER，即“未来展望”部分供应商关键词字数总计额加1后取自然对数；LNLCUSTOMER，即“未来展望”部分客户关键词字数总计额加1后取自然对数。由于这三个指标根据字数计算，此处模型中不再控制其他风险信息披露占比指标。表6-8报告了相应结果，LNLSUPCHAIN、LNLSUPPLIER和LN-LCUSTOMER回归系数均显著为正，回归结果与表6-6一致。

表6-8　　稳健性检验——供应链风险信息披露字数

variables	(1)	(2)	(3)
	LNBANA_F	LNBANA_F	LNBANA_F
LNLSUPCHAIN	0.056*** (4.716)		
LNLSUPPLIER		0.068*** (4.389)	

续表

variables	(1)	(2)	(3)
	LNBANA_F	LNBANA_F	LNBANA_F
LNLCUSTOMER			0.054*** (4.583)
SOE	-0.196*** (-4.098)	-0.198*** (-4.138)	-0.199*** (-4.169)
SIZE	0.436*** (7.793)	0.441*** (8.031)	0.437*** (7.820)
ACC	-1.558*** (-4.193)	-1.523*** (-4.143)	-1.559*** (-4.185)
LOSS	-0.272*** (-8.924)	-0.282*** (-9.382)	-0.273*** (-8.868)
ROA	3.814*** (8.981)	3.788*** (8.964)	3.817*** (9.014)
LEVB	-0.295*** (-2.943)	-0.323*** (-3.114)	-0.298*** (-2.977)
MB	-0.846*** (-2.997)	-0.851*** (-3.103)	-0.845*** (-3.003)
INSHR	0.063*** (14.295)	0.063*** (14.192)	0.063*** (14.271)
R&D	1.587 (1.616)	1.952* (1.896)	1.671* (1.702)
INDUSTRY	YES	YES	YES
YEAR	YES	YES	YES
Constant	-7.983*** (-7.385)	-7.990*** (-7.608)	-7.985*** (-7.407)
Observations	11 111	11 111	11 111
Adj R-squared	0.452	0.450	0.452
F	1 126	1 115	1 122

注：括号内为t值，*、**、***分别表示在10%、5%、1%的水平上显著。

（二）采用年报披露后60日内分析师跟随数量

从表6-6中可以发现供应链风险信息与年报披露后分析师跟随数量显著正

相关，这可能是因为供应链风险信息提供了信息增量，并导致分析师跟随数量增加；但另一种解释是，供应链风险信息具有信息含量，并且实际反映在下一年度的经营中，分析师跟随增加并非因为年报中风险信息披露，而是因为披露后供应链实际发生了风险事件，该风险事件为分析师提供了信息增量并导致分析师跟随数量的增加。

为了检验供应链风险信息本身是否吸引了分析师跟随，本书采用年报披露后60日内分析师跟随数量的对数（LNBANA_F60）作为被解释变量，对模型（6.1）重新进行回归。采用年报披露后60日窗口，能够在一定程度上剔除后续经营中供应链风险事件对分析师跟随的影响。表6－9列示了相应结果。从回归结果看，SUPCHAIN和CUSTOEMR均与年报披露后60日内分析师跟随数量显著正相关；SUPPLIER与LNBANA_60正相关，t值为1.592，接近10%水平显著。这些结果说明供应链风险信息，特别是客户信息确实吸引了更多分析师跟随。SUPCHAIN、SUPPLIER和CUSTOEMR系数的显著性相较于表6－6有所下降，可能的原因在于供应链信息本身较为复杂，需要分析师花费更多时间和精力对其进行考察和分析（Luo and Nagarajan，2015），分析师报告的披露时间可能因此延长，导致窗口期较短时回归结果的显著性有所降低。但表6－9的总体结果表明供应链风险信息本身确实促进了分析师跟随。

表6－9　　稳健性检验——年报披露后60日内分析师跟随数量

variables	(1)	(2)	(3)
	LNBANA_F60	LNBANA_F60	LNBANA_F60
SUPCHAIN	0.028** (2.118)		
SUPPLIER		0.114 (1.592)	
CUSTOMER			0.026* (1.685)
SOE	－0.110*** (－6.364)	－0.111*** (－6.400)	－0.111*** (－6.405)
SIZE	0.332*** (18.414)	0.332*** (18.564)	0.332*** (18.423)

续表

variables	(1)	(2)	(3)
	LNBANA_F60	LNBANA_F60	LNBANA_F60
ACC	−0.888*** (−6.277)	−0.877*** (−6.178)	−0.888*** (−6.268)
LOSS	−0.129*** (−6.120)	−0.130*** (−6.101)	−0.129*** (−6.147)
ROA	2.136*** (9.265)	2.136*** (9.256)	2.137*** (9.267)
LEVB	−0.141*** (−2.912)	−0.140*** (−2.893)	−0.141*** (−2.920)
MB	−0.846*** (−11.524)	−0.847*** (−11.639)	−0.846*** (−11.522)
INSHR	0.035*** (13.970)	0.035*** (14.022)	0.035*** (13.957)
R&D	0.207 (0.305)	0.231 (0.342)	0.217 (0.321)
INDUSTRY	YES	YES	YES
YEAR	YES	YES	YES
Constant	−6.614*** (−18.007)	−6.600*** (−18.135)	−6.613*** (−18.016)
Observations	11 111	11 111	11 111
AdjR − squared	0.398	0.398	0.398
F	202.6	202.9	202.5

注：括号内为 t 值，*、**、*** 分别表示在 10%、5%、1% 的水平上显著。

（三）控制其他类别风险信息披露

由于本书供应链风险信息披露指标为供应链类关键词占比，该占比的大小可能受到其他类别风险信息披露占比多少的影响，这一数学相关关系可能导致本书回归结果并非供应链风险信息披露对分析师跟随的影响，而是因为其他类别风险信息披露对分析师跟随产生作用。为此，本书在模型（6.1）中控制其他类别风险信息披露指标，包括宏观风险信息披露指标 MACRO、行业风险信息披露指标 INDUSTRYRISK、经营风险信息披露指标 OPERATE 以及财务风险信息披露指标 FINANCE。各风险类别指标根据该类别关键词字数占“未来展望”部分总字数的比例计算得到。表 6 - 10 列示的结果与本书主回归结果一致，说明本书回归结果稳健。

表 6 - 10　　稳健性检验——控制其他类别风险信息披露

variables	(1)	(2)	(3)
	LNBANA_F	LNBANA_F	LNBANA_F
SUPCHAIN	0.081*** (3.258)		
SUPPLIER		0.308*** (2.996)	
CUSTOMER			0.074** (2.513)
MACRO	-0.011 (-1.172)	-0.013 (-1.338)	-0.011 (-1.188)
INDUSTRYRISK	-0.059*** (-3.806)	-0.057*** (-3.735)	-0.060*** (-3.895)
OPERATE	-0.016** (-2.506)	-0.015** (-2.421)	-0.016** (-2.441)
FINANCE	-0.052*** (-5.635)	-0.055*** (-6.006)	-0.052*** (-5.680)
SOE	-0.236*** (-6.143)	-0.237*** (-6.147)	-0.238*** (-6.193)
SIZE	0.522*** (15.588)	0.521*** (15.784)	0.522*** (15.618)
ACC	-0.936*** (-3.847)	-0.905*** (-3.705)	-0.936*** (-3.842)
LOSS	-0.299*** (-10.577)	-0.302*** (-10.819)	-0.300*** (-10.614)
ROA	3.237*** (9.695)	3.237*** (9.651)	3.241*** (9.676)
LEVB	-0.228** (-2.403)	-0.224** (-2.339)	-0.229** (-2.413)

续表

variables	(1)	(2)	(3)
	LNBANA_F	LNBANA_F	LNBANA_F
MB	-1.196*** (-9.722)	-1.195*** (-9.909)	-1.194*** (-9.708)
INSHR	0.056*** (14.226)	0.056*** (14.312)	0.056*** (14.206)
R&D	1.131 (1.292)	1.184 (1.340)	1.165 (1.335)
INDUSTRY	YES	YES	YES
YEAR	YES	YES	YES
Constant	-9.719*** (-14.210)	-9.675*** (-14.333)	-9.714*** (-14.226)
Observations	11 111	11 111	11 111
Adj R-squared	0.497	0.497	0.497
F	351.2	351.5	350.4

注：括号内为 t 值，*、**、*** 分别表示在 10%、5%、1% 的水平上显著。

（四）控制 t-1 期供应链风险信息披露和 t-1 期分析师跟随

由于企业的供应链风险信息披露与上一年度可能具有相似性，而理论上分析师应该仅对增量信息进行反应，因此，本书在模型（6.1）中增加控制 t-1 期供应链风险信息披露以及 t-1 期分析师跟随数量。如此，t 期 DISCLOSURE 的系数反映了供应链风险信息的增量对分析师跟随变化的影响（Campbell et al.，2016）。表 6-11 报告了相应结果，其中，第（1）~（3）列分别增加控制 t-1 期 SUPCHAIN（LSUPCHAIN）、t-1 期 SUPPLIER（LSUPPLIER）和 t-1 期 CUSTOEMR（LCUSTOMER）；第（4）~（6）列在模型（6.1）基础上增加控制 t-1 期分析师跟随数量（LLNBANA_F）；第（7）~（8）列在模型（6.1）基础上增加控制 t-1 期分析师跟随数量（LLNBANA_F），且分别增加控制 t-1 期 SUPCHAIN（LSUPCHAIN）、t-1 期 SUPPLIER（LSUPPLIER）和 t-1 期 CUSTOEMR（LCUSTOMER）。回归结果与表 6-6 基本一致，说明新增的供应链风险信息披露吸引了更多分析师跟随，本书的回归结果较为稳健。

表 6 - 11　稳健性检验——控制 t - 1 期供应链风险信息披露、分析师跟随

variables	(1)	(2)	(3)	(4)	(5)	(6)	(7)	(8)	(9)
	LNBANA_F	LNBANA_F	LNBANA_F	LNBANA_F	LNBANA_F	LNBANA_F	LNBANA_F	LNBANA_F	LNBANA_F
SUPCHAIN	0.068** (2.400)			0.041** (2.093)			0.038* (1.835)		
SUPPLIER		0.214** (2.416)			0.147*** (4.350)			0.178*** (3.516)	
CUSTOMER			0.061* (1.930)			0.036* (1.741)			0.029 (1.191)
LSUPCHAIN	0.038 (1.583)						0.004 (0.228)		
LSUPPLIER		0.111 (1.200)						-0.062 (-0.710)	
LCUSTOMER			0.041 (1.628)						0.013 (0.730)
LLNBANA_F				0.655*** (56.071)	0.655*** (57.461)	0.655*** (56.186)	0.655*** (56.328)	0.656*** (58.007)	0.655*** (56.390)
Other Controls	YES	YES	YES	YES	YES	YES	YES	YES	YES
Constant	-9.693*** (-12.814)	-9.635*** (-12.935)	-9.689*** (-12.829)	-2.086*** (-4.463)	-2.058*** (-4.408)	-2.081*** (-4.452)	-2.088*** (-4.490)	-2.054*** (-4.405)	-2.086*** (-4.479)
Observations	8 654	8 654	8 654	8 654	8 654	8 654	8 654	8 654	8 654
AdjR - squared	0.487	0.486	0.487	0.689	0.689	0.689	0.689	0.689	0.689
F	284.8	284.3	283.7	788.7	789.5	788.5	768.3	769.0	768.0

注：括号内为 t 值，*、**、*** 分别表示在 10%、5%、1% 的水平上显著。

（五）采用超额供应链风险信息披露

企业的供应链风险信息披露受到企业内外部因素的影响，表 6 – 6 中供应链风险信息披露与未来分析师跟随间的关系可能并非供应链风险信息披露所致，而是企业特征或其他外部环境特征所致，为此，本书借鉴坎贝尔等（2014）的做法，首先利用 SUPCHAIN 对模型（4.1）进行回归，得到的残差即为超额供应链风险信息披露，记为 RS_SUPCHAIN。然后将 RS_SUPCHAIN 作为主要解释变量对模型（6.1）进行回归。表 6 – 12 列示了相应结果，回归结果与表 6 – 6 基本一致，说明本书回归结果较为稳健。

表 6 – 12　　稳健性检验——超额供应链风险信息披露与分析师跟随

variables	(1)	(2)	(3)
	LNBANA_F	LNBANA_F	LNBANA_F
RS_SUPCHAIN	0.066 *** (2.666)		
RS_SUPPLIER		0.206 * (1.790)	
RS_CUSTOMER			0.062 ** (2.189)
SOE	–0.251 *** (–6.610)	–0.250 *** (–6.630)	–0.251 *** (–6.613)
SIZE	0.540 *** (17.293)	0.540 *** (17.463)	0.541 *** (17.346)
ACC	–1.096 *** (–4.458)	–1.072 *** (–4.354)	–1.098 *** (–4.469)
LOSS	–0.317 *** (–10.662)	–0.317 *** (–10.701)	–0.317 *** (–10.665)
ROA	3.589 *** (9.177)	3.587 *** (9.140)	3.588 *** (9.156)
LEVB	–0.291 *** (–2.753)	–0.287 *** (–2.688)	–0.293 *** (–2.771)

续表

variables	(1)	(2)	(3)
	LNBANA_F	LNBANA_F	LNBANA_F
MB	-1.169*** (-8.390)	-1.172*** (-8.539)	-1.169*** (-8.387)
INSHR	0.059*** (15.024)	0.059*** (15.100)	0.059*** (14.997)
R&D	1.398 (1.487)	1.397 (1.488)	1.397 (1.486)
INDUSTRY	YES	YES	YES
YEAR	YES	YES	YES
Constant	-10.580*** (-17.469)	-10.568*** (-17.662)	-10.581*** (-17.521)
Observations	9 416	9 416	9 416
Adj R - squared	0.500	0.499	0.499
F	333.2	331.9	332.7

注：括号内为 t 值，*、**、*** 分别表示在 10%、5%、1% 的水平上显著。

四、进一步分析

（一）供应链风险信息披露、企业抗风险能力与分析师跟随

以上结果表明，企业的供应链风险信息披露吸引了更多分析师跟随，说明供应链风险信息披露为分析师提供了增量信息。但不同企业对于供应链风险信息披露的信息含量并不相同，并可能影响该信息对分析师的吸引力。具体来说，尽管企业披露了供应链风险，但当企业抗风险能力较强时，企业未来经营或业绩受到供应链风险影响的可能性较小，那么这部分信息对于分析师预测的帮助作用较小，分析师可能并不会因为该信息而对企业进行跟随。因此，当企业抗风险能力较强时，供应链风险信息披露对分析师跟随的影响可能减弱。

本书主要从三个方面探讨企业的抗风险能力，以及其对供应链风险信息披露与分析师跟随关系的影响。

第一，企业产权性质不同，其抗风险能力不同。国有企业由于政府隐性担保或“帮助之手”的存在，实际发生供应链风险和破产风险的可能性较小，导致国有企业供应链风险信息披露对于分析师的可用性较小，分析师因为该信息而跟随企业的动机减少。

表6-13检验了产权性质对供应链风险信息披露与分析师跟随关系的影响，本书在模型（6.1）的基础上增加了DISCLOSURE与SOE的交乘项。从第（1）列结果来看，SUPCHAIN与SOE交乘项的系数显著为负，说明国有产权性质降低了供应链风险信息披露对分析师的吸引力；第（2）列中SUPPLIER与SOE交乘项为负，但不显著；第（3）列中CUSTOMER与SOE交乘项为负，且在1%水平显著。这些结果说明国有企业供应链方面（特别是客户方面）的风险披露对于分析师的吸引力较小。这一结论与王雄元等（2017）的研究结论较为一致，其研究发现非国有企业的风险信息披露提高了分析师预测的准确性；而国有企业由于隐性担保的存在，其风险信息披露对分析师预测准确性无显著影响。

表6-13　　供应链风险信息披露、产权性质与未来分析师跟随

variables	(1)	(2)	(3)
	LNBANA_F	LNBANA_F	LNBANA_F
SUPCHAIN	0.188*** (5.966)		
SUPCHAIN × SOE	-0.207*** (-4.643)		
SUPPLIER		0.464*** (2.929)	
SUPPLIER × SOE		-0.365 (-1.514)	
CUSTOMER			0.187*** (5.068)
CUSTOMER × SOE			-0.214*** (-4.589)
SOE	-0.144*** (-3.805)	-0.217*** (-6.055)	-0.152*** (-3.856)

续表

variables	(1)	(2)	(3)
	LNBANA_F	LNBANA_F	LNBANA_F
SIZE	0. 528 *** (15. 486)	0. 530 *** (15. 894)	0. 528 *** (15. 489)
ACC	−1. 009 *** (−4. 139)	−0. 977 *** (−4. 038)	−1. 017 *** (−4. 146)
LOSS	−0. 309 *** (−10. 494)	−0. 313 *** (−10. 719)	−0. 310 *** (−10. 548)
ROA	3. 306 *** (9. 143)	3. 279 *** (9. 040)	3. 310 *** (9. 124)
LEVB	−0. 255 *** (−2. 682)	−0. 261 *** (−2. 692)	−0. 258 *** (−2. 695)
MB	−1. 223 *** (−9. 605)	−1. 235 *** (−10. 089)	−1. 222 *** (−9. 589)
INSHR	0. 057 *** (14. 230)	0. 057 *** (14. 268)	0. 057 *** (14. 174)
R&D	1. 306 (1. 459)	1. 411 (1. 561)	1. 310 (1. 469)
INDUSTRY	YES	YES	YES
YEAR	YES	YES	YES
Constant	−10. 337 *** (−15. 593)	−10. 317 *** (−15. 849)	−10. 330 *** (−15. 586)
Observations	11 111	11 111	11 111
Adj R − squared	0. 494	0. 492	0. 494
F	368. 2	366. 4	366. 9

注：括号内为 t 值，*、**、*** 分别表示在 10%、5%、1% 的水平上显著。

第二，企业规模也会影响其抗风险能力。企业规模越大，对供应商或客户的吸引力越强，出现供应链断裂的可能性越低。此外，即便出现供应链风险，大规模企业由于资金能力、管理运营能力以及关系网络更强，更可能承受或化解供应链方面的风险。因此，本书预期企业规模越大，其对供应链风险的抗风险能力越强，供应链风险信息披露对于分析师预测的帮助较小，导致分析师因该信息而跟随企业的动机减小，即企业规模会弱化供应链风险信息披露与分析师跟随间的正相关关系。

表 6 – 14 检验了公司规模对供应链风险信息披露与分析师跟随关系的影响。本书在模型（6. 1）的基础上增加了 DISCLOSURE 与 SIZE 的交乘项。从第（1）~（3）列结果来看，SUPCHAIN、SUPPLIER 和 CUSTOMER 与 SIZE 交乘项的系数均显著为负，说明公司规模降低了供应链风险信息披露对分析师的吸引。

表 6 – 14　　供应链风险信息披露、公司规模与未来分析师跟随

variables	(1)	(2)	(3)
	LNBANA_F	LNBANA_F	LNBANA_F
SUPCHAIN	1. 363 *** (3. 683)		
SUPCHAIN × SIZE	– 0. 058 *** (– 3. 404)		
SUPPLIER		4. 641 *** (2. 640)	
SUPPLIER × SIZE		– 0. 198 ** (– 2. 477)	
CUSTOMER			1. 297 *** (3. 167)
CUSTOMER × SIZE			– 0. 055 *** (– 2. 949)
SOE	– 0. 231 *** (– 5. 772)	– 0. 233 *** (– 5. 767)	– 0. 233 *** (– 5. 841)
SIZE	0. 555 *** (16. 032)	0. 538 *** (16. 506)	0. 551 *** (15. 842)
ACC	– 1. 022 *** (– 4. 242)	– 0. 982 *** (– 4. 148)	– 1. 024 *** (– 4. 219)
LOSS	– 0. 307 *** (– 10. 509)	– 0. 312 *** (– 10. 664)	– 0. 308 *** (– 10. 570)

续表

variables	(1)	(2)	(3)
	LNBANA_F	LNBANA_F	LNBANA_F
ROA	3.279*** (9.117)	3.283*** (9.071)	3.280*** (9.078)
LEVB	-0.252*** (-2.610)	-0.260*** (-2.672)	-0.256*** (-2.635)
MB	-1.244*** (-9.937)	-1.239*** (-10.177)	-1.240*** (-9.893)
INSHR	0.056*** (14.130)	0.057*** (14.261)	0.057*** (14.082)
R&D	1.203 (1.333)	1.356 (1.501)	1.238 (1.376)
INDUSTRY	YES	YES	YES
YEAR	YES	YES	YES
Constant	-10.864*** (-16.085)	-10.472*** (-16.491)	-10.789*** (-15.868)
Observations	11 111	11 111	11 111
Adj R-squared	0.493	0.492	0.492
F	366.9	366.2	365.7

注：括号内为 t 值，*、**、*** 分别表示在 10%、5%、1% 的水平上显著。

第三，企业在行业中所处地位不同，面临的供应链风险和抗风险能力也不相同。企业在行业中所处地位越强势，其在与供应商或客户的谈判中更具谈判力，实际面临的供应链风险可能越低。此外，即使处于行业领先地位的企业遇到供应商或客户依赖风险、不稳定风险等，其相较于在行业中处于弱势地位的企业也更具有抗风险能力，其经营或业绩受到的负面影响较弱。因此，相比于在行业中处于弱势地位的企业，行业中的领先企业披露的供应链风险信息对企业未来风险的预测作用更小，该部分信息为分析师提供的信息增量更少，分析师因该信息披露而跟随企业的动机减弱，即企业在行业中的强势地位可能弱化供应链风险信息披露对分析师跟随的影响。

表6-15检验了企业在行业中所处地位对供应链风险信息披露与分析师跟随关系的影响。本书在模型（6.1）的基础上增加了DISCLOSURE与SALES_DUM1的交乘项。其中SALES_DUM1为虚拟变量，当企业的销售收入大于同年度同行业中位数时取1，否则取0。因此，该指标取1时，表明企业在行业中地位较好；该指标取0时，表明该企业在行业中处于弱势地位。从第（1）~（3）列结果来看，SUPCHAIN、SUPPLIER和CUSTOMER与SALES_DUM1交乘项的系数均显著为负，说明企业在行业中的优势地位确实降低了其供应链风险信息披露的信息含量，并降低了供应链风险信息披露对分析师的吸引。

表6-15　　供应链风险信息披露、行业地位与未来分析师跟随

variables	(1)	(2)	(3)
	LNBANA_F	LNBANA_F	LNBANA_F
SUPCHAIN	0.185*** (6.925)		
SUPCHAIN×SALES_DUM1	-0.187*** (-4.571)		
SUPPLIER		0.501*** (3.339)	
SUPPLIER×SALES_DUM1		-0.383** (-2.134)	
CUSTOMER			0.182*** (6.147)
CUSTOMER×SALES_DUM1			-0.189*** (-4.332)
SALES_DUM1	0.215*** (5.846)	0.151*** (4.423)	0.208*** (5.756)
SOE	-0.230*** (-5.753)	-0.233*** (-5.758)	-0.232*** (-5.826)
SIZE	0.491*** (13.714)	0.491*** (13.854)	0.491*** (13.686)

续表

variables	(1)	(2)	(3)
	LNBANA_F	LNBANA_F	LNBANA_F
ACC	-0.924*** (-4.068)	-0.906*** (-4.007)	-0.930*** (-4.056)
LOSS	-0.298*** (-10.506)	-0.305*** (-10.741)	-0.299*** (-10.573)
ROA	3.200*** (9.287)	3.193*** (9.276)	3.197*** (9.246)
LEVB	-0.292*** (-3.006)	-0.300*** (-3.026)	-0.295*** (-3.018)
MB	-1.240*** (-10.079)	-1.233*** (-10.216)	-1.238*** (-10.082)
INSHR	0.056*** (14.037)	0.056*** (14.175)	0.056*** (14.024)
R&D	1.420 (1.605)	1.630* (1.815)	1.468* (1.668)
INDUSTRY	YES	YES	YES
YEAR	YES	YES	YES
Constant	-9.583*** (-13.746)	-9.514*** (-13.795)	-9.578*** (-13.715)
Observations	11 111	11 111	11 111
AdjR - squared	0.495	0.493	0.495
F	369.9	366.6	368.7

注：括号内为t值，*、**、***分别表示在10%、5%、1%的水平上显著。

（二）供应链风险信息披露与分析师预测准确度

上述研究结果发现企业的供应链风险信息披露能够吸引更多分析师跟随，但是企业的抗风险能力可能弱化这一影响，侧面说明供应链风险信息能够为分析师提供一定的信息含量。那么，进一步地，该信息是否会影响分析师的预测准确度呢？一方面，供应链风险信息可能为分析师提供企业供应链方面的信息增量，有利于分析师做出更为准确的预测；但另一方面，由于该部分信息主要是从可能的风险或不确定性角度进行披露，风险属性可能导致分析师无法正确判断企业的供应链走向，以及其对企业业绩的影响，导致分析师预测准确度降低。为此，本书进一步检验了企业供应链风险信息披露对分析师预测准确度的影响。

表6－16报告了相应结果。其中，被解释变量为分析师预测准确度，本书采用“（t年年报披露后至t+1年年报披露之前分析师对公司i的t+1年度EPS第一次预测值的均值－公司i在t+1年度EPS实际值）÷t年度期初股价”的绝对值（ACCURACY_F）衡量，该指标越大，表明分析师预测准确度越低。主要解释变量为SUPCHAIN、SUPPLIER和CUSTOMER。从回归结果看，SUPCHAIN、CUSOTMER与ACCURACY_F显著负相关；SUPPLIER与ACCURACY_F负相关，但不显著；CUSTOMER与ACCURACY_F显著负相关。这些结果说明供应链风险信息披露，且主要是客户风险信息披露提高了分析师预测准确性，也侧面反映了供应链风险信息确实具有信息含量，能够影响分析师行为。

表6－16 供应链风险信息披露与分析师预测准确度

variables	(1)	(2)	(3)
	ACCURACY_F	ACCURACY_F	ACCURACY_F
SUPCHAIN	-0.001** (-2.056)		
SUPPLIER		-0.000 (-0.077)	
CUSTOMER			-0.001** (-2.113)
SOE	-0.002*** (-4.263)	-0.002*** (-4.036)	-0.002*** (-4.272)
SIZE	-0.000 (-0.975)	-0.000 (-0.922)	-0.000 (-0.980)
ACC	0.007 (0.902)	0.006 (0.865)	0.007 (0.915)

续表

variables	(1)	(2)	(3)
	ACCURACY_F	ACCURACY_F	ACCURACY_F
LOSS	0.014*** (4.631)	0.014*** (4.684)	0.014*** (4.628)
ROA	0.035*** (2.631)	0.035*** (2.646)	0.035*** (2.626)
LEVB	0.018*** (5.429)	0.018*** (5.394)	0.018*** (5.438)
MB	0.027*** (7.326)	0.027*** (7.339)	0.027*** (7.310)
INSHR	-0.000*** (-3.038)	-0.000*** (-2.961)	-0.000*** (-3.041)
R&D	-0.053** (-2.124)	-0.054** (-2.162)	-0.053** (-2.123)
INDUSTRY	YES	YES	YES
YEAR	YES	YES	YES
Constant	0.015* (1.774)	0.014* (1.699)	0.015* (1.778)
Observations	6 262	6 262	6 262
AdjR - squared	0.156	0.156	0.156
F	21.21	21.05	21.19

注：括号内为 t 值，*、**、*** 分别表示在 10%、5%、1% 的水平上显著。

第五节 研究结论

本章探讨了供应链风险信息披露对分析师跟随的影响。研究发现，供应链风险信息披露越多，未来分析师跟随数量越多。进一步研究发现，国有产权性质、公司规模以及企业在行业所处优势地位会削弱供应链风险信息披露对分析师跟随的影响，说明企业的抗风险能力减弱了供应链风险信息披露对分析师的吸引力。最后，研究发现分析师预测准确度与供应链风险信息披露显著正相关，说明该部分信息披露有助于分析师做出更准确的预测。这些结果说明分析师能够识别并利用供应链风险信息披露，间接反映了该部分信息具有信息含量。已有供应链信息对分析师行为的影响主要基于供应链历史信息和定量信息，本章从定性角度探讨了未来供应链信息对分析师行为的影响，对供应链研究具有一定的补充作用。同时，本章从供应链风险这一特定类别的风险披露出发进行研究，对于已有的风险披露研究具有补充作用。最后，本章研究结果再次说明企业的供应链风险信息披露具有信息含量，一定程度上说明证监会对于该方面信息披露的要求具有实践意义。

第七章
结　论

第一，本书从企业特征、外部环境特征以及时间趋势三个维度检验了其与供应链风险信息披露的关系。研究发现，企业特征方面，供应链风险信息披露与企业系统性风险、ROA、研发支出、竞争程度、管理层持股、SEO 动机显著正相关，与企业损失、国有产权性质显著负相关；外部环境方面，企业供应链风险信息披露与企业所在省份 GDP 显著正相关，并且东部地区企业的供应链风险信息披露更多；时间趋势方面，2007 ~ 2016 年企业的供应链风险信息披露呈上涨趋势。这些结果说明企业特征、外部环境以及时间趋势均会影响企业的供应链风险信息披露行为。

第二，本书检验了供应链风险信息披露对未来业绩和现金流及其波动性的影响。研究发现，供应链风险信息披露与企业未来业绩或现金流无显著相关关系，但与未来三年经营业绩波动性及现金流波动性显著负相关，说明企业对供应链风险的披露不意味着未来业绩或现金流的减少，反而增加了未来业绩及现金流的稳定性。进一步研究表明，企业披露的供应链风险越多，未来对供应商或客户的依赖度越低、未来现金持有增加、未来现金股利支付减少，说明企业披露供应链风险后确实采取了相应的风险应对措施。同时，本书研究发现市场并未对企业披露的供应链风险做出反应。这些结果说明企业的供应链风险信息披露能够预测企业的未来表现和行为，具有信息含量，但是投资者在短期内并未利用该信息。已有风险披露研究主要探讨了风险披露对资本市场的影响，本书探讨了供应链风险信息披露对企业的影响，并且集中于供应链这一特定类别风险进行讨论，研究角度和研究结论均具有一定的补充性。并且，已有供应链文献主要从定量角度探讨了其对企业经营业绩或现金流的影响，本书则从定性角度进行探讨，对供应链文献具有补充作用。

第三，本书探讨了供应链风险信息披露对分析师跟随的影响。研究发现，供应链风险信息披露越多，未来分析师跟随数量越多。进一步研究发现，企业的抗风险能力减弱了供应链风险信息披露对分析师的吸引力。最后，本书发现该部分信息披露有助于分析师做出更准确的预测。这些结果说明分析师能够识别并利用供应链风险信息披露，同时间接说明了该部分信息具有信息含量。

本书的局限性在于，文本分析方法的固有缺陷可能使得本书供应链风险信息披露变量的衡量存在一定误差，未来需要采用更为细致的文本方法细分该变量。此外，未来可能需要寻找更好的工具变量或通过事件研究方法以更好地解决内生性问题。

参考文献

［1］蔡卫星、曾诚：《公司多元化对证券分析师关注度的影响——基于证券分析师决策行为视角的经验分析》，载于《南开管理评论》2010 年第 4 期。

［2］曹强、胡南薇、王良成、Hu，N.、Wang，L.：《客户重要性、风险性质与审计质量——基于财务重述视角的经验证据》，载于《审计研究》2012 年第 6 期。

［3］陈峻、王雄元、彭旋：《环境不确定性、客户集中度与权益资本成本》，载于《会计研究》2015 年第 11 期。

［4］陈正林、王彧、Wang，Y：《供应链集成影响上市公司财务绩效的实证研究》，载于《会计研究》2014 年第 2 期。

［5］窦欢、王会娟：《私募股权投资与证券分析师新股关注》，载于《会计研究》2015 年第 2 期。

［6］黄秋萍、赵先德、杨君豪、梁超杰：《供应商关系管理中的金融关系行为研究》，载于《南开管理评论》2014 年第 4 期。

［7］黄伟、陈钊：《外资进入、供应链压力与中国企业社会责任》，载于《管理世界》2015 年第 2 期。

［8］江伟、姚文韬：《〈物权法〉的实施与供应链金融——来自应收账款质押融资的经验证据》，载于《经济研究》2016 年第 1 期。

［9］姜付秀、石贝贝、马云飙：《董秘财务经历与盈余信息含量》，载于《管理世界》2016 年第 9 期。

［10］黎文靖、杨丹、Yang，D：《管理层为何自愿披露劳动力成本上涨风险信息？——来自中国上市公司的经验证据》，载于《财经研究》2013 年第 10 期。

［11］李丹、王丹：《供应链客户信息对公司信息环境的影响研究——基于股价同步性的分析》，载于《金融研究》2016 年第 12 期。

［12］李随成、李静、杨婷、Li，J.、Yang，T：《基于供应商参与新产品开

发的供应商选择影响因素分析及实证研究》，载于《管理评论》2012 年第 1 期。

［13］林小驰、欧阳婧、岳衡：《谁吸引了海外证券分析师的关注》，载于《金融研究》2007 年第 1 期。

［14］彭旋：《上市公司客户信息披露的现状及影响因素研究》，载于《会计之友》2016 年第 10 期。

［15］彭旋、王雄元：《客户信息披露降低了企业股价崩盘风险吗》，载于《山西财经大学学报》2016 年第 5 期。

［16］彭旋、王雄元：《客户股价崩盘风险对供应商具有传染效应吗?》，载于《财经研究》2018 年第 2 期。

［17］丘心颖、郑小翠、邓可斌：《分析师能有效发挥专业解读信息的作用吗？——基于汉字年报复杂性指标的研究》，载于《经济学（季刊)》2016 年第 4 期。

［18］王迪、刘祖基、赵泽朋：《供应链关系与银行借款——基于供应商/客户集中度的分析》，载于《会计研究》2016 年第 10 期。

［19］王雄元：《客户集中度、专有化投资与企业营运资金粉饰行为》，载于《会计之友》2016 年第 15 期。

［20］王雄元、高开娟：《客户关系与企业成本粘性：敲竹杠还是合作》，载于《南开管理评论》2017 年第 1 期。

［21］王雄元、高开娟：《客户集中度与公司债二级市场信用利差》，载于《金融研究》2017 年第 1 期。

［22］王雄元、高曦：《客户盈余公告对供应商具有传染效应吗?》，载于《中南财经政法大学学报》2017 年第 3 期。

［23］王雄元、高曦：《年报风险披露与权益资本成本》，载于《金融研究》2018 年第 1 期。

［24］王雄元、李岩琼、肖忞：《年报风险信息披露有助于提高分析师预测准确度吗?》，载于《会计研究》2017 年第 10 期。

［25］王雄元、刘芳：《客户议价能力与供应商会计稳健性》，载于《中国会计评论》2014 年第 3 期。

［26］王雄元、彭旋：《稳定客户提高了分析师对企业盈余预测的准确性吗?》，载于《金融研究》2016 年第 5 期。

[27] 王雄元、彭旋、王鹏：《货币政策、稳定客户关系与强势买方商业信用》，载于《财务研究》2015 年第 6 期。

[28] 王雄元、王鹏、张金萍：《客户集中度与审计费用：客户风险抑或供应链整合》，载于《审计研究》2014 年第 6 期。

[29] 王雄元、喻长秋：《专有化成本与公司自愿性信息披露——基于客户信息披露的分析》，载于《财经研究》2014 年第 12 期。

[30] 王艳艳、于李胜、安然：《非财务信息披露是否能够改善资本市场信息环境？——基于社会责任报告披露的研究》，载于《金融研究》2014 年第 8 期。

[31] 王勇、刘志远：《供应商关系与企业现金持有——来自中国制造业上市公司的经验证据》，载于《审计与经济研究》2016 年第 1 期。

[32] 王玉涛、王彦超：《业绩预告信息对分析师预测行为有影响吗》，载于《金融研究》2012 年第 6 期。

[33] 王贞洁、王竹泉：《基于供应商关系的营运资金管理——“锦上添花”抑或“雪中送炭”》，载于《南开管理评论》2017 年第 2 期。

[34] 徐欣、唐清泉：《财务分析师跟踪与企业 r&d 活动——来自中国证券市场的研究》，载于《金融研究》2010 年第 12 期。

[35] 杨清香、姚静怡、张晋：《与客户共享审计师能降低公司的财务重述吗？——来自中国上市公司的经验证据》，载于《会计研究》2015 年第 6 期。

[36] 姚颐、赵梅：《中国式风险披露、披露水平与市场反应》，载于《经济研究》2016 年第 7 期。

[37] 岳希明、蔡萌：《垄断行业高收入不合理程度研究》，载于《中国工业经济》2015 年第 5 期。

[38] 张敏、马黎珺、张胜：《供应商—客户关系与审计师选择》，载于《会计研究》2012 年第 12 期。

[39] 张然、张鹏：《中国上市公司自愿业绩预告动机研究》，载于《中国会计评论》2011 年第 1 期。

[40] Ak, B. K., Patatoukas, P. N.. Customer-base Concentration and Inventory Efficiencies: Evidence from the Manufacturing Sector. *The Production and Operations Management Journal*, 2015, 25 (2): 258 - 272.

[41] Albuquerque, A. M., Papadakis, G., Wysocki, P. D.. *The Impact of*

Risk on CEO Equity Incentives: Evidence from Customer Concentration, 2014.

[42] Alldredge, D. M., Cicero, D. C.. Attentive Insider Trading. *Journal of Financial Economics*, 2015, 115 (1): 84-101.

[43] Almeida, H., Hankins, K. W., Williams, R.. Risk Management with Supply Contracts. *Review of Financial Studies*, 2017, 30 (12): 4179-4215.

[44] Andreou, P. C., Harris, T., Philip, D.. Firms' Market Orientation: Measurement from 10-K Filings and Its Effect on Firm Performance, 2017.

[45] Arnold, T., Fishe, R. P. H., North, D.. The Effects of Ambiguous Information on Initial and Subsequent IPO Returns. *Financial Management*, 2010, 39 (4): 1497-1519.

[46] Arora, A., Alam, P.. CEO Compensation and Stakeholders' Claims. *Contemporary Accounting Research*, 2005, 22 (3): 519-547.

[47] Arya, A., Mittendorf, B.. The Interaction Among Disclosure, Competition Between Firms, and Analyst Following. *Journal of Accounting and Economics*, 2007, 43 (2): 321-339.

[48] Bailey, C., Filzen, J.. *How Does Expertise Impact Risk Factor Disclosure?* 2016.

[49] Baiman, S., Rajan, M. V.. The Role of Information and Opportunism in the Choice of Buyer-supplier Relationships. *Journal of Accounting Research*, 2002, 40 (2): 247-278.

[50] Balakrishnan, K., Bartov, E.. *Analysts' Use of Qualitative Earnings Information: Evidence from the IPO Prospectus' Risk Factors Section*, 2010.

[51] Banerjee, S., Dasgupta, S., Kim, Y.. Buyer-supplier Relationships and the Stakeholder Theory of Capital Structure. *The Journal of Finance*, 2008, 63 (5): 2507-2552.

[52] Bao, Y.. *The Impact of Textual Corporate Risk Disclosures on Risk Perceptions of Investors*, 2012.

[53] Bao, Y., Datta, A.. Simultaneously Discovering and Quantifying Risk Types from Textual Risk Disclosures. *Management Science*, 2014, 60 (6): 1371-1391.

[54] Barth, M. E., Kasznik, R., Mcnichols, M. F.. Analyst Coverage and

Intangible Assets. *Journal of Accounting Research*, 2001, 39 (1): 1 – 34.

[55] Bayer, E., Tuli, K. R., Skiera, B.. Do Disclosures of Customer Metrics Lower Investors' and Analysts' Uncertainty but Hurt Firm Performance? . *Journal of Marketing Research*, 2017, 54 (2): 239 – 259.

[56] Beatty, A., Cheng, L., Zhang, H.. *Sometimes Less is More: Evidence from Financial Constraints Risk Factor Disclosures*, 2015.

[57] Bhushan, R.. Firm Characteristics and Analyst Following. *Journal of Accounting and Economics*, 1989, 11 (2): 255 – 274.

[58] Bonacchi, M., Kolev, K., Lev, B.. Customer Franchise—A Hidden, Yet Crucial, Asset. *Contemporary Accounting Research*, 2015, 32 (3): 1024 – 1049.

[59] Boone, A. L., White, J. T.. The Effect of Institutional Ownership on Firm Transparency and Information Production. *Journal of Financial Economics*, 2015, 117 (3): 508 – 533.

[60] Botosan, C. A., Harris, M. S.. Motivations for a Change in Disclosure Frequency and Its Consequences: An Examination of Voluntary Quarterly Segment Disclosures. *Journal of Accounting Research*, 2000, 38 (2): 329 – 353.

[61] Bowen, R. M., Ducharme, L., Shores, D.. Stakeholders' Implicit Claims and Accounting Method Choice. *Journal of Accounting & Economics*, 1995, 20 (3): 255 – 295.

[62] Brown, D. T., Fee, C. E., Thomas, S. E.. Financial Leverage and Bargaining Power with Suppliers: Evidence from Leveraged Buyouts. *Journal of Corporate Finance*, 2009, 15 (2): 196 – 211.

[63] Brown, S. V., Tian, X. S., Tucker, J. W.. *The Spillover Effect of SEC Comment Letters on Qualitative Corporate Disclosure: Evidence from the Risk Factor Disclosure*, 2015.

[64] Bushee, B. J., Miller, G. S.. Investor Relations, Firm Visibility, and Investor Following. *The Accounting Review*, 2012, 87 (3): 867 – 897.

[65] Bushman, R. M., Piotroski, J. D., Smith, A. J.. Insider Trading Restrictions and Analysts' Incentives to Follow Firms. *The Journal of Finance*, 2005, 60 (1): 35 – 66.

[66] Cachon, G. P., Fisher, M.. Supply Chain Inventory Management and the Value of Shared Information. *Management Science*, 2000, 46 (8): 1032.

[67] Cai, S. W., Godfrey, J. M., Moroney, R.. Impact of Segment-level Natural Resource Operational Risk Reporting on Earnings Predictions. *Abacus*, 2017.

[68] Campbell, J., Chen, H., Dhaliwal, D., Lu, H. – M., Steele, L.. The Information Content of Mandatory Risk Factor Disclosures in Corporate Filings. *Review of Accounting Studies*, 2014, 19 (1): 396 – 455.

[69] Campbell, J. L., Cecchini, M., Cianci, A., Ehinger, A. C., Werner, E. M.. *Do Mandatory Risk Factor Disclosures Predict the Level of Future Cash Flows and Stock Returns? Evidence from Tax Risk Factor Disclosures*, 2016.

[70] Campello, M., Gao, J.. Customer Concentration and Loan Contract Terms. *Journal of Financial Economics*, 2017, 123 (1): 108 – 136.

[71] Cen, L., Maydew, E. L., Zhang, L., Zuo, L.. *Customer-supplier Relationships and Corporate Tax Avoidance*, 2016.

[72] Chang, H., Hall, C., Paz, M. T.. *Customer Concentration and Cost Structure*, 2014.

[73] Chen, J., Chang, H., Chen, H. C., Kim, S.. The Effect of Supply Chain Knowledge Spillovers on Audit Pricing. *Journal of Management Accounting Research*, 2014, 26 (1): 83 – 100.

[74] Chen, L. W., Yu, H. Y., Hsieh, C. T.. *Corporate Disclosure on Customer Information and Average Stock Returns*, 2012.

[75] Chen, X., Gong, G., Luo, S.. *Customer's Short Interest and Supplier's Investment Decision*, 2015.

[76] Cheung, Y. L., Haw, I. M., Hu, B.. *The Monitoring Role of Overlapping Institutional Investors in a Supplier-customer Relationship*, 2015.

[77] Chiu, T. T., Guan, Y., Kim, J. B. The Effect of Risk Factor Disclosures on the Pricing of Credit Default Swaps. *Contemporary Accounting Research*, Forthcoming, 2017.

[78] Chu, Y.. Optimal Capital Structure, Bargaining, and the Supplier Market Structure. *Journal of Financial Economics*, 2012, 106 (2): 411 – 426.

[79] Cohen, D. A., Li, B.. *Why Do Firms Hold Less Cash? A Customer Base Explanation*, 2014.

[80] Cohen, L., Frazzini, A.. Economic Links and Predictable Returns. *The Journal of Finance*, 2008, 63 (4): 1977-2011.

[81] Costello, A. M.. Mitigating Incentive Conflicts in Inter-firm Relationships: Evidence from Long-term Supply Contracts. *Journal of Accounting and Economics*, 2013, 56 (1): 19-39.

[82] Cowley, P. R.. Business Margins and Buyer/Seller Power. *Review of Economics & Statistics*, 1986, 68 (2): 333.

[83] Crook, T. R., Combs, J. G.. Sources and Consequences of Bargaining Power in Supply Chains. *Journal of Operations Management*, 2007, 25 (2): 546-555.

[84] Cunat, V.. Trade Credit: Suppliers as Debt Collectors and Insurance Providers. *Review of Financial Studies*, 2007, 20 (2): 491-527.

[85] Dhaliwal, D., Judd, J. S., Serfling, M., Shaikh, S.. Customer Concentration Risk and the Cost of Equity Capital. *Journal of Accounting and Economics*, 2016, 61 (1): 23-48.

[86] Dickson, G. W.. An Analysis of Vendor Selection Systems and Decisions. *JOURNAL OF PURCHASING*, 1996, 2 (1): 5-17.

[87] Dou, Y., Hope, O. K., Thomas, W. B.. Relationship-specificity, Contract Enforceability, and Income Smoothing. *The Accounting Review*, 2013, 88 (5): 1629-1656.

[88] Drake, A. R., Haka, S. F.. Does ABC Information Exacerbate Hold-up Problems in Buyer-supplier Negotiations?. *The Accounting Review*, 2008, 83 (1): 29-60.

[89] Dyer, T., Lang, M., Stice-Lawrence, L.. The Evolution of 10-K Textual Disclosure: Evidence from Latent Dirichlet Allocation. *Journal of Accounting and Economics*, 2017.

[90] Ellis, J. A., Fee, C. E., Thomas, S. E.. Proprietary Costs and the Disclosure of Information About Customers. *Journal of Accounting Research*, 2012, 50 (3): 685-727.

[91] Elmy, F. J., Leguyader, L. P., Linsmeier, T. J.. A Review of Initial Filings Under the SEC's New Market Risk Disclosure Rules. *Journal of Corporate Accounting & Finance*, 1998, 9 (4): 33-45.

[92] Fabbri, D., Klapper, L. F.. *Trade Credit and the Supply Chain*, 2011.

[93] Fabbri, D., Menichini, A. M. C.. Trade Credit, Collateral Liquidation, and Borrowing Constraints. *Journal of Financial Economics*, 2010, 96 (3): 413-432.

[94] Fang, Y., Hasan, I., Sun, J.. *Hiring Executives with Customer Experience: A Double-edged Sword?* 2018.

[95] Farber, S.. Buyer Market Structure and R&D Effort: A Simultaneous Equations Model. *Review of Economics & Statistics*, 1981, 63 (3): 336.

[96] Fee, C. E., Hadlock, C. J., Thomas, S.. Corporate Equity Ownership and the Governance of Product Market Relationships. *The Journal of Finance*, 2006, 61 (3): 1217-1251.

[97] Filzen, J. J.. The Information Content of Risk Factor Disclosures in Quarterly Reports. *Accounting Horizons*, 2015, 29 (4): 887-916.

[98] Filzen, J. J., Mcbrayer, G., Shannon, K.. *Risk Factor Disclosures: Do Managers and Markets Speak the Same Language?* 2016.

[99] Gong, G., Luo, S.. *Supply Chain Lending and Accounting Conservatism*, 2014.

[100] Gosman, M., Kelly, T., Olsson, P., Warfield, T.. The Profitability and Pricing of Major Customers. *Review of Accounting Studies*, 2004, 9 (1): 117-139.

[101] Gosman, M. L., Kohlbeck, M. J.. Effects of the Existence and Identity of Major Customers on Supplier Profitability: Is Walmart Different? . *Journal of Management Accounting Research*, 2009, 21 (1): 179-201.

[102] Grossman, S. J.. The Informational Role of Warranties and Private Disclosure about Product Quality. *The Journal of Law and Economics*, 1981, 24 (3): 461-483.

[103] Guan, Y., Wong, M. H. F., Zhang, Y.. Analyst Following Along the Supply Chain. *Review of Accounting Studies*, 2014.

[104] Habib, A., Hasan, M. M., Bhuiyan, M. B. U.. *Customer Concentration, Corporate Social Responsibility and Idiosyncratic Risk*, 2015.

[105] Hanley, K. W., Hoberg, G.. The Information Content of IPO Prospectuses. *Review of Financial Studies*, 2010, 23 (7): 2821 - 2864.

[106] Heide, J. B., Miner, A. S.. The Shadow of the Future: Effects of Anticipated Interaction and Frequency of Contact on Buyer-seller Cooperation. *Academy of Management Journal*, 1992, 35 (2): 265 - 291.

[107] Heinle, M. S., Smith, K.. *A Theory of Risk Disclosure*, 2015.

[108] Heinle, M. S., Smith, K. C.. A Theory of Risk Disclosure. *Review of Accounting Studies*, 2017.

[109] Hennessy, C. A., Livdan, D.. Debt, Bargaining, and Credibility in Firm-supplier Relationships. *Journal of Financial Economics*, 2009, 93 (3): 382 - 399.

[110] Hertzel, M. G., Li, Z., Officer, M. S., Rodgers, K. J.. Inter-firm Linkages and the Wealth Effects of Financial Distress along the Supply Chain. *Journal of Financial Economics*, 2008, 87 (2): 374 - 387.

[111] Ho, W., Xu, X., Dey, P. K.. Multi-criteria Decision Making Approaches for Supplier Evaluation and Selection: A Literature Review. *European Journal of Operational Research*, 2010, 202 (1): 16 - 24.

[112] Hope, O. K., Hu, D., Lu, H.. The Benefits of Specific Risk-factor Disclosures. *Review of Accounting Studies*, Forthcoming, 2016.

[113] Houston, J. F., Lin, C., Zhu, Z.. The Financial Implications of Supply Chain Changes. *Management Science*, 2016, 62 (9): 2520 - 2542.

[114] Houston, M. B., Johnson, S. A.. Buyer-supplier Contracts Versus Joint Ventures: Determinants and Consequences of Transaction Structure. *Journal of Marketing Research*, 2000, 37 (1): 1 - 15.

[115] Huang, H. H., Lobo, G. J., Wang, C., Xie, H.. Customer Concentration and Corporate Tax Avoidance. *Journal of Banking & Finance*, 2016, 72: 184 - 200.

[116] Huang, K. - W., Li, Z.. A Multilabel Text Classification Algorithm for Labeling Risk Factors in SEC Form 10 - K. *ACM Transactions on Management Information Systems*, 2011, 2 (3): 18.

[117] Hui, K. W., Klasa, S., Yeung, P. E.. Corporate Suppliers and Customers and Accounting Conservatism. *Journal of Accounting and Economics*, 2012, 53 (1-2): 115-135.

[118] Intintoli, V. J., Serfling, M., Shaikh, S.. CEO Turnovers and Disruptions in Customer-supplier Relationships. *Journal of Financial & Quantitative Analysis*, 2017, 52 (6): 2565-2610.

[119] Irvine, P. J., Park, S. S., Yıldızhan, C.. Customer-base Concentration, Profitability, and the Relationship Life Cycle. *Accounting Review*, 2016, 91 (3): 883-906.

[120] Israelsen, R. D.. *Tell it Like it is: Disclosed Risks and Factor Portfolios*, 2014.

[121] Itzkowitz, J.. Customers and Cash: How Relationships Affect Suppliers' Cash Holdings. *Journal of Corporate Finance*, 2013, 19 (0): 159-180.

[122] Itzkowitz, J.. Buyers as Stakeholders: How Relationships Affect Suppliers' Financial Constraints. *Journal of Corporate Finance*, 2015, 31: 54-66.

[123] Jap, S. D.. Pie-expansion Efforts: Collaboration Processes in Buyer-supplier Relationships. *Journal of Marketing Research*, 1999, 36 (4): 461-475.

[124] Jensen, M. C., Meckling, W. H.. Theory of the Firm: Managerial Behavior, Agency Costs and Ownership Structure. *Journal of Financial Economics*, 1976, 3 (4): 305-360.

[125] Johnson, W. C., Kang, J. K., Yi, S.. The Certification Role of Large Customers in the New Issues Market. *Financial Management*, 2010, 39 (4): 1425-1474.

[126] Johnson, W. C., Karpoff, J. M., Yi, S.. *The Bonding Hypothesis of Takeover Defenses: Evidence from IPO Firms*, 2014.

[127] Johnstone, K. M., Li, C., Luo, S.. Client-auditor Supply Chain Relationships, Audit Quality, and Audit Pricing. *AUDITING: A Journal of Practice & Theory*, 2014, 33 (4): 119-166.

[128] Jorgensen, B. N., Kirschenheiter, M. T.. Discretionary Risk Disclosures. *Accounting Review*, 2003, 78 (2): 449.

[129] Jorion, P.. How Informative are Value-at-risk Disclosures? *Accounting*

Review, 2002, 77 (4): 911 –931.

[130] Kale, J., Kedia, S., Williams, R.. *The Effect of CEO's Risk-taking Incentives on Relationship-specific Investments By Customers and Suppliers*, 2011.

[131] Kale, J. R., Shahrur, H.. Corporate Capital Structure and the Characteristics of Suppliers and Customers. *Journal of Financial Economics*, 2007, 83 (2): 321 –365.

[132] Kale, J. R., Shahrur, H. Corporate Leverage and Specialized Investments By Customers and Suppliers. *Journal of Applied Corporate Finance*, 2008, 20 (4): 98 –104.

[133] Kalwani, M. U., Narayandas, N.. Long-term Manufacturer-supplier Relationships: Do They Pay off for Supplier Firms? *Journal of Marketing*, 1995, 59 (1): 1 –16.

[134] Kang, J. K., Xu, L., Zhang, L.. Supplier-customer Relationships and Corporate Hedging Policy, 2012.

[135] Kee – Hong, B., Hongping, T., Welker, M.. International GAAP Differences: The Impact on Foreign Analysts. *Accounting Review*, 2008, 83 (3): 593 –628.

[136] Kim, J. –B., Song, B. Y., Zhang, Y.. Earnings Performance of Major Customers and Bank Loan Contracting with Suppliers. *Journal of Banking & Finance*, 2015, 59: 384 –398.

[137] Kim, J., Lee, W. M.. *How Does Board Structure Affect Customer Concentration*? 2016.

[138] Kim, Y. H., Henderson, D. Financial Benefits and Risks of Dependency in Triadic Supply Chain Relationships. *Journal of Operations Management*, 2015, 36 (0): 115 –129.

[139] Kim, Y. H., Wemmerlov, U.. Does a Suppliers' Operational Competence Translate into Financial Performance? An Empirical Analysis of Supplier-customer Relationships. *Decision Sciences*, 2015, 46 (1): 101 –134.

[140] Kirk, M. P., Vincent, J. D.. Professional Investor Relations within the Firm. *The Accounting Review*, 2014, 89 (4): 1421 –1452.

[141] Kolay, M., Lemmon, M., Tashjian, E.. Spreading the Misery? Sources of Bankruptcy Spillover in the Supply Chain. *Journal of Financial & Quantitative Analysis*, 2016, 51 (6): 1955 - 1990.

[142] Kravet, T., Muslu, V. Textual Risk Disclosures and Investors' Risk Perceptions. *Review of Accounting Studies*, 2013, 18 (4): 1088 - 1122.

[143] Krishnan, G. V., Lee, H. S., Patatoukas, P. N., Wang, A. Y.. *Major Customer Dependency: Implications for Audit Pricing and Quality*, 2015.

[144] Kulchania, M., Thomas, S.. Cash Reserves as a Hedge Against Supply-chain Risk. *Journal of Financial & Quantitative Analysis*, 2017, 52 (5): 1951 - 1988.

[145] Kulp, S. C.. The Effect of Information Precision and Information Reliability on Manufacturer-retailer Relationships. *The Accounting Review*, 2002, 77 (3): 653 - 677.

[146] Lafrance, V. A.. The Impact of Buyer Concentration——An Extension. *Review of Economics & Statistics*, 1979, 61 (3): 475.

[147] Lang, M. H., Lins, K. V., Miller, D. P.. Concentrated Control, Analyst Following, and Valuation: Do Analysts Matter Most When Investors are Protected Least? *Journal of Accounting Research*, 2004, 42 (3): 589 - 623.

[148] Lang, M. H., Lundholm, R. J.. Corporate Disclosure Policy and Analyst Behavior. *The Accounting Review*, 1996, 71 (4): 467 - 492.

[149] Ledoux, M. J., Cormier, D., Houle, S.. Customer Value Disclosure and Analyst Forecasts: The Influence of Environmental Dynamism. *Management Decision*, 2014, 52 (3): 460 - 481.

[150] Lehavy, R., Li, F., Merkley, K.. The Effect of Annual Report Readability on Analyst Following and the Properties of Their Earnings Forecasts. *Accounting Review*, 2011, 86 (3): 1087 - 1115.

[151] Li, F.. *Do Stock Market Investors Understand the Risk Sentiment of Corporate Annual Reports?* 2006.

[152] Li, F.. The Information Content of Forward-looking Statements in Corporate Filings-a Naïve Bayesian Machine Learning Approach. *Journal of Accounting Research*, 2010, 48 (5): 1049 - 1102.

[153] Li, F., Lundholm, R., Minnis, M.. A Measure of Competition Based on 10 – K Filings. *Journal of Accounting Research*, 2013, 51 (2): 399 – 436.

[154] Li, N., Yang, Z. C.. *Customer Relationship and Debt Contracting*, 2011.

[155] Li, Y., Lin, Y., Zhang, L.. Trade Secrets Law and Corporate Disclosure: Causal Evidence on the Proprietary Cost Hypothesis. *Journal of Accounting Research*, *Forthcoming*, 2017.

[156] Ling, C., Sudipto, D., Rik, S.. Discipline or Disruption? Stakeholder Relationships and the Effect of Takeover Threat. *Management Science*, 2015, 62 (10): 2820 – 2841.

[157] Linsmeier, T. J., Thornton, D. B., Venkatachalam, M., Welker, M.. The Effect of Mandated Market Risk Disclosures on Trading Volume Sensitivity to Interest Rate, Exchange Rate, and Commodity Price Movements. *Accounting Review*, 2002, 77 (2): 343 – 377.

[158] Liu, C. – C., Ryan, S. G., Tan, H.. Discussion of How Banks' Value-at-risk Disclosures Predict their Total and Priced Risk: Effects of Bank Technical Sophistication and Learning over Time. *Review of Accounting Studies*, 2004, 9 (2): 265 – 294.

[159] Luo, S., Nagarajan, N. J.. Information Complementarities and Supply Chain Analysts. *Accounting Review*, 2015, 90 (5): 1995 – 2029.

[160] Luo, X., Kanuri, V. K., Andrews, M.. How Does CEO Tenure Matter? the Mediating Role of Firm-employee and Firm-customer Relationships. *Strategic Management Journal*, 2014, 35 (4): 492 – 511.

[161] Lustgarten, S. H.. The Impact of Buyer Concentration in Manufacturing Industries. *The Review of Economics and Statistics*, 1975, 57 (2): 125 – 132.

[162] Madsen, J.. Anticipated Earnings Announcements and the Customer-supplier Anomaly. *Journal of Accounting Research*, 2017, 55 (3): 709 – 741.

[163] Matsumura, E. M., Schloetzer, J. D.. *Sources of Customer-base Concentration and Supplier Performance*, 2015.

[164] Michael, J. B., Patricia, J. H.. Stock Prices and the Supply of Information. *The Journal of Finance*, 1991, 46 (5): 1665 – 1691.

[165] Mihov, A., Naranjo, A.. *Customer-base Concentration and the Transmission of Idiosyncratic Volatility Along the Vertical Chain*, 2014.

[166] Milgrom, P. R.. Good News and Bad News: Representation Theorems and Applications. *The Bell Journal of Economics*, 1981: 380 - 391.

[167] Minnick, K., Raman, K.. Board Composition and Relationship-specific Investments by Customers and Suppliers. *Financial Management*, 2017, 46 (1): 203 - 239.

[168] Mirakur, Y. *Risk Disclosure in SEC Corporate Filings*, 2011.

[169] Morgan, N. A., Kaleka, A., Gooner, R. A. Focal Supplier Opportunism in Supermarket Retailer Category Management. *Journal of Operations Management*, 2007, 25 (2): 512 - 527.

[170] Moumen, N., Ben Othman, H., Hussainey, K.. The Value Relevance of Risk Disclosure in Annual Reports: Evidence from Mena Emerging Markets. *Research in International Business and Finance*, 2015, 34: 177 - 204.

[171] Moyer, R. C., Chatfield, R. E., Sisneros, P. M.. Security Analyst Monitoring Activity: Agency Costs and Information Demands. *Journal of Financial and Quantitative Analysis*, 1989, 24 (4): 503 - 512.

[172] Nelson, K. K., Pritchard, A. C.. Carrot or Stick? the Shift from Voluntary to Mandatory Disclosure of Risk Factors. *Journal of Empirical Legal Studies*, 2016, 13 (2): 266 - 297.

[173] Nelson, M. W., Rupar, K. K.. Numerical Formats Within Risk Disclosures and the Moderating Effect of Investors' Concerns About Management Discretion. *Accounting Review*, 2015, 90 (3): 1149 - 1168.

[174] Neuhierl, A., Scherbina, A., Schlusche, B.. Market Reaction to Corporate Press Releases. *Journal of Financial and Quantitative Analysis*, 2013, 48 (4): 1207 - 1240.

[175] O'brien, P. C., Bhushan, R.. Analyst Following and Institutional Ownership. *Journal of Accounting Research*, 1990: 55 - 76.

[176] O'brien, P. C., Tan, H.. Geographic Proximity and Analyst Coverage Decisions: Evidence from IPOs. *Journal of Accounting and Economics*, 2015, 59

(1): 41 -59.

[177] Olsen, C., Dietrich, J. R.. Vertical Information Transfers: The Association between Retailers' Sales Announcements and Suppliers' Security Returns. *Journal of Accounting Research*, 1985, 23: 144 -166.

[178] Orens, R., Aerts, W., Cormier, D.. Web-based Non-financial Disclosure and Cost of Finance. *Journal of Business Finance & Accounting*, 2010, 37 (9/10): 1057 -1093.

[179] Pandit, S., Wasley, C. E., Zach, T.. Information Externalities along the Supply Chain: The Economic Determinants of Suppliers' Stock Price Reaction to Their Customers' Earnings Announcements. *Contemporary Accounting Research*, 2011, 28 (4): 1304 -1343.

[180] Patatoukas, P. N.. Customer-base Concentration: Implications for Firm Performance and Capital Markets. *The Accounting Review*, 2012, 87 (2): 363 -392.

[181] Paulraj, A., Lado, A. A., Chen, I. J.. Inter-organizational Communication As a Relational Competency: Antecedents and Performance Outcomes in Collaborative Buyer-supplier Relationships. *Journal of Operations Management*, 2008, 26 (1): 45 -64.

[182] PéRignon, C., Smith, D. R.. The Level and Quality of Value-at-risk Disclosure by Commercial Banks. *Journal of Banking & Finance*, 2010, 34 (2): 362 -377.

[183] Peters, J. Buyer Market Power and Innovative Activities. *Review of Industrial Organization*, 2000, 16 (1): 13 -38.

[184] Porter, M. E.. Consumer Behavior, Retailer Power and Market Performance in Consumer Goods Industries. *Review of Economics & Statistics*, 1974, 56 (4): 419.

[185] Radhakrishnan, S., Wang, Z., Zhang, Y.. Customers' Capital Market Information Quality and Suppliers' Performance. *Production & Operations Management*, 2014, 23 (10): 1690 -1705.

[186] Rajan, R., Servaes, H.. Analyst Following of Initial Public Offerings. *The Journal of Finance*, 1997, 52 (2): 507 -529.

[187] Rajgopal, S.. Early Evidence on the Informativeness of the SEC's Market Risk Disclosures: The Case of Commodity Price Risk Exposure of Oil and Gas Producers. *Accounting Review*, 1999, 74 (3): 251.

[188] Raman, K., Shahrur, H.. Relationship-specific Investments and Earnings Management: Evidence on Corporate Suppliers and Customers. *The Accounting Review*, 2008, 83 (4): 1041-1081.

[189] Ravenscraft, D. J.. Structure-profit Relationships at the Line of Business and Industry Level. *Review of Economics & Statistics*, 1983, 65 (1): 22.

[190] Reusen, E., Stouthuysen, K.. Misaligned Control: The Role of Management Control System Imitation in Supply Chains. *Accounting, Organizations and Society*, 2017.

[191] Roulstone, D. T.. Effect of SEC Financial Reporting Release No. 48 on Derivative and Market Risk Disclosures. *Accounting Horizons*, 1999, 13 (4): 343-363.

[192] Ruomeng, C., Allon, G., Bassamboo, A., Van Mieghem, J. A.. Information Sharing in Supply Chains: An Empirical and Theoretical Valuation. *Management Science*, 2015, 61 (11): 2803-2824.

[193] Schloetzer, J. D.. Process Integration and Information Sharing in Supply Chains. *The Accounting Review*, 2012, 87 (3): 1005-1032.

[194] Schumacher, U.. Buyer Structure and Seller Performance in U. S. Manufacturing Industries. *The Review of Economics and Statistics*, 1991, 73 (2): 277-284.

[195] Shenoy, J., Williams, R.. Trade Credit Decisions of U. S. Public Firms: The Joint Effects of Supplier and Customer Financial Characteristics. *Journal of Financial Intermediation*, 2015.

[196] Su, L. N., Zhao, X. R., Zhou, G. S.. Do Customers Respond to the Disclosure of Internal Control Weakness?. *Journal of Business Research*, 2014, 67 (7): 1508-1518.

[197] Tsung-Kang, C., Hsien-Hsing, L., Hui-Ju, K., Hsieh, Y. L.. *Information Flow Risk, Supply Chain Characteristics and Corporate Bond Yield Spreads*, 2010.

［198］ Wang, J.. Do Firms' Relationships with Principal Customers/Suppliers Affect Shareholders' Income? *Journal of Corporate Finance*, 2012, 18 (4): 860-878.

［199］ Wang, J., Wang, X.. *Supplier Immobility, Operating Leverage, and Cost of Equity*, 2014.

［200］ Weber, C. A., Current, J. R., Benton, W. C.. Vendor Selection Criteria and Methods. *European Journal of Operational Research*, 1991, 50 (1): 2-18.

［201］ Shang, W., Ha, A. Y., Tong, S.. Information Sharing in a Supply Chain with a Common Retailer. *Management Science*, 2016, 62 (1): 245-263.

［202］ Wong, M. H. F.. The Association Between SFAS No. 119 Derivatives Disclosures and the Foreign Exchange Risk Exposure of Manufacturing Firms. *Journal of Accounting Research*, 2000, 38 (2): 387-417.

［203］ Zhang, R. R.. Product Market Competition, Competitive Strategy, and Analyst Coverage. *Review of Quantitative Finance and Accounting*, 2018, 50 (1): 239-260.

［204］ Zhang, Z., Lei, J., Cao, N., To, K., Ng, K.. Evolution of Supplier Selection Criteria and Methods. *European Journal of Operational Research*, 2003, 4 (1): 335-342.

后　记

随着竞争复杂程度和激烈程度的提高，单个企业仅靠自己的力量越来越难以在竞争中取胜，企业间的竞争已经日益拓展到供应链的竞争，而来自供应链方面的风险影响着企业的生产经营，甚至可能关系着企业的生死存亡，比如柯达和诺基亚因未能及时应对客户需求变化而失去行业霸主地位，中兴因美国停止向其供应芯片而面临生存危机，供应链风险对企业的影响可见一斑。鉴于此，我国监管机构对于上市公司供应链方面的风险信息披露极为重视。一方面，2001 年《公开发行证券的公司信息披露内容与格式准则第 2 号——年度报告的内容与格式》开始要求主板上市公司在年报中披露当期供应商采购占比或客户销售占比；另一方面，2007 年《公开发行证券的公司信息披露内容与格式准则第 2 号—年度报告的内容与格式》开始要求企业在年报“管理层讨论与分析”①中“未来展望”部分披露未来可能存在的风险，2012 年修订稿中明确指出未来可能存在的风险包括“原材料价格及供应风险、单一客户依赖风险”，说明监管者对于供应链方面的风险披露日益重视。

那么，上市公司的这些供应链风险披露是否具有信息含量以及受何种因素影响呢？本书通过文本分析和实证研究方法，对这一问题进行探讨。本书结构安排如下：第一章为导论，第二章介绍制度背景，第三章为文献回顾，第四~六章探讨供应链风险披露的影响因素、对未来业绩的预测作用以及对分析师行为的影响，第七章为结论。

在本书出版之际，特别要感激导师陆正飞教授，以及给过我很好建议的其他老师及同学。当然，由于本人知识有限，对于书中的不足之处，敬请读者批评指正。

何　捷

2019 年 8 月于中南财经政法大学

① 该部分 2007 ~ 2014 年叫作“董事会报告”，2015 年改为“管理层讨论与分析”，2016 年改为“经营情况讨论与分析”，本书统一简称“管理层讨论与分析”。